Stefan Vesper (Hg.)
Suche Frieden

Suche Frieden

Menschen erzählen von einer Sehnsucht,
die nie aufhört

Herausgegeben von Stefan Vesper

Patmos Verlag

VERLAGSGRUPPE PATMOS
PATMOS
ESCHBACH
GRÜNEWALD
THORBECKE
SCHWABEN
VER SACRUM

Die Verlagsgruppe
mit Sinn für das Leben

Für die Verlagsgruppe Patmos ist Nachhaltigkeit ein wichtiger Maßstab ihres Handelns. Wir achten daher auf den Einsatz umweltschonender Ressourcen und Materialien.

Alle Rechte vorbehalten
© 2018 Patmos Verlag,
ein Unternehmen der Verlagsgruppe Patmos
in der Schwabenverlag AG, Ostfildern
www.patmos.de

Umschlaggestaltung: Finken & Bumiller
Umschlagabbildung: © shutterstock/kangshutters
Satz: Schwabenverlag AG, Ostfildern
Druck: GGP Media GmbH, Pößneck
Hergestellt in Deutschland
ISBN 978-3-8436-1021-6

Inhalt

Suche Frieden 7
STEFAN VESPER

Leben im Krieg, Leben im Frieden 17
HANS MAIER

Der Zirkeltag 30
WOLFGANG THIERSE

»Gewalt beginnt, wo das Reden aufhört«
(Hannah Arendt) 47
WINFRIED KRETSCHMANN

Wege zur Freiheit 62
REBECCA HARMS

Juden und Christen – mein Lebensweg 74
DANIEL NOA

Nur ein kurzer Weg 91
ANDREAS HOLLSTEIN

Friedens-Bilder und der Kirchentag
als Friedensgeschichte 101
JULIA HELMKE

Dem Frieden dienen – als investigativer
Journalist 120
HANS LEYENDECKER

Jerusalemer Friedensgeschichten 137
NIKODEMUS C. SCHNABEL OSB

Erzählung über die unbekannteste Religion
der Welt................................. 149
MANFRED LÜTZ

Beiträgerinnen und Beiträger 159

Suche Frieden

STEFAN VESPER

Jeden Menschen bewegt eine andere Sehnsucht nach Frieden. Sie ist ganz wesentlich geprägt von den eigenen Erfahrungen. Darum muss, wer von seiner Sehnsucht nach Frieden erzählt, auch viel von sich selbst und seiner eigenen Biografie reden.

Ich bin 1956 geboren. Mein ganzes Leben lang herrschte – einmal abgesehen vom Balkan – in Europa Friede. Ich musste mich nach nichts sehnen, weil es wie eine schiere Normalität schien, dass die Menschen und Völker in Frieden und Respekt miteinander umgehen. Es wurde von Jahr zu Jahr selbstverständlicher, dass die Grenzen offen sind und Europa Jahrzehnt für Jahrzehnt weiter in Frieden und Freiheit zusammenwächst.

Und doch gab es schon früh in meinem Leben Erinnerungen oder Zeichen, die auf den Krieg zurückverwiesen, in dessen »Nachkriegszeit« ich geboren worden war. Zwei meiner Lehrer auf dem Gymnasium hatten ein Bein verloren. Einer trug eine steife Beinprothese. Sie hinkten in die Klasse herein und wieder hinaus. Ein anderer Lehrer hatte den rechten Arm verloren, schrieb mit links, musste sich im Umgang mit Büchern und Heften auf dem Pult behelfen. Frühe Erinnerungen eines Jungen, der fragte, was da geschehen war.

Meine Eltern fuhren mit meinem Bruder und mir viele Jahre lang in die Niederlande an den gleichen Ort, ins gleiche Quartier. In den ersten Jahren spürte ich hier und da noch Anfeindungen von einigen Niederländern uns Deutschen gegenüber. Ich verstand nicht, warum uns solche Ablehnung entgegenschlug. Zum Glück gab es auch andere Niederländer; viele wurden uns zu Freunden.

Kurz vor dem Abitur hatte ich ein einschneidendes Erlebnis. Ich muss vorwegschicken, dass meine Eltern auf dem Nachttisch an ihren Ehebetten jeweils Bilder des Ehepartners aus der Zeit ihrer Eheschließung hatten. Daher wusste ich, wie mein Vater ausgesehen hatte, als er in seinen Dreißigern meine Mutter kennenlernte, kurz nach dem Krieg. In der Schule behandelten wir, als es aufs Abitur zuging, das Thema »Kunst im Dritten Reich«. Der Lehrer zeigte uns zur historischen Einordnung einen zusammenfassenden Film über den Zweiten Weltkrieg. An der Stelle, an der es um die Invasion in der Normandie vom 6. Juni 1944 ging, sah man u.a., wie eine Gruppe deutscher Soldaten im Moment ihrer Gefangennahme durch die Alliierten die Hände hob und mit großer Angst in die Kamera blickte. Unter diesen jungen Soldaten sah ich – meinen Vater! Sein Blick, seine Angst, überhaupt das ganze Erlebnis trafen mich tief. Ich ging nach der Stunde zum Kunstlehrer, um zu fragen, ob ich den Film noch einmal anschauen könnte. Es war damals die Zeit, in der man solche Filme auf großen Rollen bei einer Weiterbildungsinstitution ausleihen und sie sofort wieder dorthin zurückschicken musste. Ich fragte zu Hause am Abend meinen Vater, ob es sein könne, dass er im Moment seiner Gefangennahme gefilmt worden sei. Er sagte, er habe in diesen Minuten Todesangst gehabt und keine Kamera wahrgenommen. Es habe ihm aber später ein Kriegskamerad erzählt, dass er ihn irgendwann einmal in der »Wochenschau« gesehen habe. Also könne es sein, dass er damals gefilmt worden sei. Der Kunstlehrer, mein Vater und ich verabredeten uns und sahen zwei Tage später in unserer Schule erneut die entsprechende Stelle. Es stimmte.

Ich kann kaum richtig ausdrücken, wie mich dieses Ereignis berührt hat. Es spielte kurz danach auch bei meiner Kriegsdienstverweigerung eine Rolle. Ich leistete dann Zivildienst in einem Jugendheim.

Zwei andere Erfahrungen haben mir gezeigt, dass ich als »Nachkriegskind« ganz unbestritten in unsere deutsche Geschichte »verwoben« bin. Als ich 18 Jahre alt war, hatte ich eine Freundin in Frankreich; sie lebte in Paris. Wir besuchten uns regelmäßig bei unseren Herkunftsfamilien. Sie kam zu mir nach Deutschland und ich fuhr zu ihrer Familie in die französische Hauptstadt. Wir nahmen jeweils am Leben und am normalen Alltag der Familien teil. Noch heute gehen ja die Franzosen nicht – wie viele hierzulande – einmal in der Woche zum Supermarkt, sondern sie gehen in den Straßen ihres Viertels zu verschiedenen Läden, zum Bäcker, zum Fleischer, zum Gemüseverkäufer und zum Käsemann. So gingen meine Freundin und ich eines Nachmittags zu der nahen Käsehandlung und unterhielten uns im Verkaufsraum kurz auf Deutsch darüber, was wir einkaufen wollten. Der Mann hinter der Theke fragte meine Freundin: »Ist der junge Mann dort Deutscher?«, und deutete auf mich. Als sie bejahte, forderte er sie auf, mir zu sagen, dass ich den Verkaufsraum verlassen solle. Er verkaufe nicht an Deutsche. Überrascht, weniger empört als nachdenklich, folgte ich der Aufforderung. Im Nachhinein hörte ich, dass offenbar seine gesamte jüdische Familie von Deutschen und in deutschem Namen umgebracht worden war. Als junger Mann von 18 Jahren konnte ich persönlich nichts dafür – aber ich stand in einer Geschichte, die mich mit in Verantwortung für Gegenwart und Zukunft nahm.

In etwa der gleichen Zeit, 1978, beging man den 40. Jahrestag der »Reichskristallnacht«; heute verwendet man den Begriff »Reichspogromnacht«. Ich erinnere mich an eine sehr heftige Diskussion unter Gleichaltrigen, ob wir etwas mit dem Thema zu tun hätten oder nicht. Viele glaubten, das sei Geschichte – im Sinne von vergangenem Geschehen, Vergangenheit – und habe mit der Gegenwart und mit uns nichts zu tun. Einig waren wir uns darin, dass uns keine Schuld traf. Uneinig blieben wir darüber, ob uns aus dieser Geschichte eine Verantwortung für die Gegenwart und Zukunft erwächst. Dass es so ist, war und ist meine Meinung. Ich weiß nicht, ob ich die Zweifler überzeugen konnte. Aber nicht erst seit dieser Diskussion weiß ich, dass es unsere gemeinsame Aufgabe ist, solange wir leben die Erinnerung wachzuhalten und an die Verantwortung für den Frieden zu appellieren. Das ist ein Teil meiner Sehnsucht nach Frieden – und ich sage das im Bewusstsein, dass die Kräfte wieder lauter werden, die gerade diese Verantwortung, sich zu erinnern, bestreiten und sogar lächerlich machen.

Friede gehört zu den Begriffen, die einem erst richtig nahekommen, wenn Unfriede herrscht. Wer gesund ist, macht sich keine besonderen Gedanken um seine Gesundheit. Ganz anders ist es, wenn jemand krank ist, dann beginnt man sich zu sehnen nach den gesunden Tagen und Lebensumständen. So ist es auch beim Frieden. Friede ist aber auch nicht einfach nur ein »Zustand«, sondern Friede ist etwas, das erarbeitet, gesichert und auch – siehe oben – verteidigt werden muss.

Durch eine Amokfahrt in Münster mit Toten und Verletzten ist Deutschland im Frühsommer 2018 an einem herrlichen Samstagnachmittag schockiert worden. Auf schmerzliche Weise drängte sich hier das Thema des persönlichen Friedens auf, ja in diesem Fall des psychischen Friedens. Alles, was uns im Innersten bewegt – Freude und Trauer, Sorge und Not, Angst und Wut, Lust und Liebe, Neid und Missgunst – ist ja auch Bestandteil eines inneren Prozesses zum Thema »Suche Frieden«. Krankheit, Verzweiflung, Verblendung, Hass – es gibt vieles, was den Frieden zerstören kann. Klar ist jedenfalls, dass gesellschaftlicher, kirchlicher Friede – oder Friede auf welchem Gebiet auch immer – nur von Menschen ausgehen kann, die den Frieden auch in ihrem Innern suchen. Die Bibel, zum Beispiel die Psalmen, zeichnen viele Aspekte dieser persönlichen Friedenssuche nach.

Eine wiederum andere Facette lehrte mich das Gespräch mit einem hochengagierten und hochverehrten Christen aus der DDR. Auf meine gelegentliche Rede, der Friede sei das höchste Gut, reagierte er mit ebenso höflichem wie scharfem Widerspruch. Es gebe Situationen, in denen man den Streit, die Auseinandersetzung, die Klärung suchen müsse. Wo notwendig, müsse man laut widersprechen, mutig eingreifen, falschen Frieden aufdecken. Doch seine Kritik ging noch tiefer. Friede und Gerechtigkeit müssten in einem richtigen Verhältnis zueinander stehen, und für ihn stehe die Gerechtigkeit über dem Frieden. Hier ist nicht der Ort, um diese Frage in der nötigen Tiefe durchdenken zu können. Aber einer der wichtigsten Texte zum Thema dürfte noch immer jener von der Deutschen Kommission Justitia et Pax erarbeitete sein, den die Deutsche Bischofskonferenz 1983 herausgegeben hat und der schon im Titel eine Lösung andeutet: »Gerechtigkeit schafft Frieden«.

Die Sehnsucht nach Frieden und die Sehnsucht nach Gerechtigkeit rufen aber nach einem Dritten, nach der Sehnsucht nach einem verantwortbaren und nachhaltigen Leben. Auch das zieht sich durch mein Leben – die Erkenntnis und das Bewusstsein, als jemand, der in einem reichen Land des Westens lebt, die Ressourcen zu verbrauchen, die anderen schon heute und später Geborenen auf der ganzen Welt fehlen werden.

Eine Frage zieht sich durch mein Leben, die nicht individuell gemeint ist – das manchmal auch –, sondern uns als Menschheit meint: »Warum tun wir nicht, was wir wissen?« Warum handeln wir nicht verantwortlich? Warum gehen wir mit unserer Schöpfung in einer Weise um, die auf klaren Ungerechtigkeiten fußt und die zwingend zu Krieg und Gewalt führen wird? »Anders leben, damit andere überleben« – so hieß das Leitwort einer Fastenaktion von Misereor in den 1970er-Jahren.

Jahre später. Das Telefon klingelte. Ich erhielt eine Anfrage, die mir einen wiederum besonderen Aspekt der Friedenssehnsucht erschloss. Ich ging für zwei Jahre ins Ausland, in die Schweiz, um für den Rat der Europäischen Bischofskonferenzen (CCEE), der sein Büro in Sankt Gallen hat, die Zweite Europäische Ökumenische Versammlung (EÖV2) vorzubereiten. Sie sollte 1997 in Graz stattfinden zum Thema »Versöhnung – Gabe Gottes und Quelle neuen Lebens«. 720 Delegierte aus allen christlichen Kirchen Europas und 10.000 Teilnehmerinnen und Teilnehmer kamen in die Hauptstadt der Steiermark. Friede und Versöhnung – das zog sich durch diese Jahre der Vorbereitung und natürlich vor allem durch die Versammlungstage selbst. Ebenso wichtig wie die Arbeit am Schlussdokument waren unzählige Begegnungen dieser Tage. Unvergessen bleibt für mich der Mittwoch der Versammlung. Wir hatten in der Planung vorgesehen, dass es dort »nationale Treffen« geben sollte, es sollten an diesem Tag in über 30 unterschiedlich großen Sälen und Hallen die Christen eines jeweiligen Landes zusammenkommen. Was für Deutschland und andere Länder ein ganz normales Treffen war – hier arbeiten die Kirchen seit langem gut in der Arbeitsgemeinschaft christlicher Kirchen (ACK) zusammen –, war für andere Länder neu, ja sensationell. So fand erstmalig ein Treffen der rumänischen christlichen Kirchen statt. Sie hatten bis dahin in Rumänien zum Teil in großen Spannungen miteinander gelebt. Weit genug weg von zu Hause, konnten sie erstmalig aufeinander zugehen und erste Schritte zur Versöhnung beraten.

Suche Frieden – das ist keine harmlose Aufforderung. Es ist Ausdruck einer tiefen Sehnsucht, die nie aufhört. Die Worte aus dem Psalm 34 waren das Leitwort des 101. Deutschen Katholikentags, der vom 9. bis 13. Mai 2018 in Münster stattfand. Der

Katholikentag war ein großartiges und viele tief bewegendes Ereignis. 90.000 Menschen nahmen teil.

Wie immer war auch dieser Katholikentag eigentlich tausend Katholikentage. Denn jede und jeder macht in diesen Tagen eigene Erfahrungen, zieht eigene Erkenntnisse, führt eigene Gespräche, erlebt eben den eigenen Weg von der Eröffnung am Mittwoch bis zum Gottesdienst am Sonntag.

Für mich gehört zu den eindrucksvollsten Stunden meine Zeit in der »Erzählkirche« des Katholikentags. Dieses einstündige Format gab es in Münster zum ersten Mal. Bekannte und unbekannte Persönlichkeiten erzählten von persönlichen Erfahrungen aus dem Themenfeld »Friede«. Es ging um persönlichen und politischen, gesellschaftlichen und kirchlichen Frieden. Es war beeindruckend, was da an Erfahrungen, biografischen Notizen, Konfliktivem, Traurigem, Erhebenden und auch Geistlichem erzählt wurde. Die Zuhörerinnen und Zuhörer waren gebannt, in der Münsteraner Clemenskirche wie auch draußen, wohin fast immer wegen Überfüllung der Kirche übertragen werden musste.

Viele dieser Beiträge waren Zeugnisse, Ausdruck einer urmenschlichen Sehnsucht nach Frieden. Und davon, dass wir der Gesellschaft – durch konkrete Menschen, die als Christen leben – etwas anzubieten haben, einer Gesellschaft, in deren Mitte wir Zeugnis geben von dem, was unser Leben trägt.

Moderiert haben die einzelnen Stunden übrigens sehr einfühlsam die vier Vizepräsidentinnen und Vizepräsidenten des Zentralkomitees der deutschen Katholiken (ZdK): Dr. Christoph Brass, Wolfgang Klose, Karin Kortmann und Dr. Claudia

Lücking-Michel. Ich danke allen, dass sie die rechten Worte gefunden haben, um das Erzählte hier und da aufzugreifen und noch zu vertiefen.

Dieser Band gibt einige Beiträge aus der Erzählkirche wieder. Der frühere bayerische Kultusminister *Hans Maier* erzählt seine Lebensgeschichte; er schließt mit einem sehr persönlichen Zeugnis. Der langjährige Bundestagspräsident *Wolfgang Thierse* erzählt von seinem Leben als katholischer Christ in der DDR und ist für mich – nicht nur – ein Vorbild für Zivilcourage. *Winfried Kretschmann*, Ministerpräsident von Baden-Württemberg, erzählt von seiner Arbeit und zitiert und entfaltet das Hannah Arendt zugeschriebene Wort »Gewalt beginnt, wo das Reden aufhört ...«. Einem Filmregisseur würde man vorwerfen, zu viel Phantasie zu haben, wenn er sich eine Lebensgeschichte ausdächte, wie sie *Daniel Noa* erzählt, dessen Familie jüdische und christliche Wege zu Gott verbindet. Für *Andreas Hollstein* wurde die abstrakte Tatsache, dass immer mehr Menschen in öffentlicher Verantwortung von physischer Gewalt bedroht sind, zur lebensbedrohenden Erfahrung. Er erzählt von einem Tag, der sein Leben verändert hat; sein Mut berührte alle Zuhörer in der Erzählkirche. *Julia Helmke,* die Generalsekretärin des Deutschen Evangelischen Kirchentags, erzählt von der Friedenssuche dieser großen und starken evangelischen Bewegung. Sie geht dabei auf Kunst und Kultur und insbesondere den Film »Cahier africain« ein. Ob er jemals dem Frieden gedient habe, wisse er nicht, schließt *Hans Leyendecker,* Präsident des 37. Deutschen Evangelischen Kirchentags in Dortmund 2019 seinen Beitrag ab. Er erzählt von seinem Wirken als investigativer Journalist. Pater

Stefan Vesper

Nikodemus Schnabel berichtet von seiner großen Liebe, die nur einen Namen hat: Jerusalem! Die Europaabgeordnete *Rebecca Harms* steht im Alltag in Brüssel oder Straßburg mitten in der politischen Friedenssuche; sie erzählt davon. *Manfred Lütz*, Arzt, Kabarettist, Autor, widmet sich einem der Gegenbegriffe zu Frieden, nämlich der Gewalt, und geht einer vermeintlichen Gewaltgeschichte des Christentums nach. Dass es dabei mal ernst und mal heiter zuging, immer aber auch überraschend war, durfte ich selbst miterleben.

Ich empfehle alle diese Texte der Lektüre unserer Leserinnen und Leser – und ich wünsche, dass sie zum Nachdenken über die eigene Friedenssuche beitragen. Ich danke Nathalie Pieper, die mich bei der Herausgabe dieses Bandes unterstützt hat. Vor allem danke ich den Gremien des Deutschen Katholikentags, dem Bistum Münster, der Stadt, den Haupt- und Ehrenamtlichen überall, den Helferinnen und Helfern und allen, die die Erzählkirche unterstützt haben, natürlich auch im Zentralkomitee der deutschen Katholiken. In den Münsteraner Tagen haben wir in großer Dankbarkeit auch an einen der besonders großen Friedenssucher gedacht, der in der katholischen Kirche in Deutschland und darüber hinaus unvergessen ist: Karl Kardinal Lehmann. Er hat so vieles zusammengedacht, zusammengebracht und zusammengehalten, was uns noch heute bewegt. Für mich ist er ein Zeuge dieser Sehnsucht, die nie aufhört: Suche Frieden.

Leben im Krieg, Leben im Frieden

Hans Maier

Schon immer gab es Erzähl*cafés*, Erzähl*wirtschaften*, in denen Menschen in geselliger Runde aus ihrem Leben berichten. Aber eine Erzähl*kirche* bei einem Katholikentag – das gibt es erst seit dem heutigen Tag. Ich meine, diese Erfindung ist nicht nur patentwürdig, sie hat auch öffentliches Lob verdient. Gern wirke ich heute hier mit.

/

Das Thema des 101. Katholikentags in Münster ist Friede. Wie passt dieses Thema zu meinem Leben? Auf den ersten Blick passt es sehr gut. Von den bisher 87 Jahren meines Lebens habe ich die meisten in Frieden verbringen dürfen – von 1931 bis 1938 in einem unsicheren Frieden, der 1939 in den Krieg umschlug, von 1945 bis heute in einem relativ stabilen Frieden.

Das hat natürlich Einfluss auf das eigene Denken und Fühlen. Wenn ich heute in einer Stadt durch Straßen und über Plätze gehe, vorbei an friedlich dreinschauenden Menschen, dann empfinde ich diesen Frieden als Geschenk. Er ist nicht selbstverständlich. Es könnten ja auch Schüsse fallen, Wohnungen zerbombt werden, wie es im Krieg geschieht, wie wir es gegenwärtig in Bildern aus Syrien, dem Jemen, der Ostukraine sehen. Man müsste dann an jedem Ort Tod und Verwüstung fürchten. Man könnte nicht mehr einfach aus dem Haus und über die Straße gehen, könnte nicht mehr friedlich – wie wir alle gerade im Augenblick – auf Bänken und Stühlen in einer Kirche sitzen Es gäbe keine Sicherheit mehr, alles könnte von einem Moment zu anderen zusammenstürzen und uns in die Tiefe reißen.

Auch solche Kriegszeiten habe ich erlebt – in meiner Kindheit. Das liegt nun schon viele Jahrzehnte zurück. Am 10. Mai 1940 nachmittags um vier Uhr verloren drei deutsche Bomber aus einem Landsberger Kampfgeschwader auf dem Flug nach Dijon die Orientierung, hielten Freiburg für eine französische Stadt und warfen ihre Bomben auf sie ab. 20 Kinder auf einem Spielplatz im Stühlinger wurden getötet. Diesen Angriff – er wurde vom NS-Regime fälschlich den Alliierten zugeschrieben – habe ich mit meiner Mutter aus mittlerer Entfernung erlebt, als wir zum Friedhof, zum Grab meines früh verstorbenen Vaters gingen.

Später, von 1943 an, folgten dann die wirklichen alliierten Luftangriffe – der ärgste am 27. November 1944, als 300 britische Bomber Tausende von Brandbomben und Luftminen auf die Stadt abwarfen und in 20 Minuten 2800 Menschen, überwiegend Frauen, Kinder und Greise, töteten. Das Mietshaus, in dem wir wohnten, wurde zerstört, meine Schwester und ich wurden verschüttet. Wir waren rundum eingeschlossen, nirgends war ein Herauskommen, wir wussten nicht, ob wir überleben würden.

Glücklicherweise bahnten zwei entschlossene Nachbarn mit Pickeln, Schaufeln und Äxten einen Weg zu uns. Es war ihr freier Entschluss, sie hätten ja auch weglaufen können. Nach einer Stunde konnten wir durch ein Loch in der Kellermauer aus dem zerstörten Haus herauskriechen. Das Schlimmste war uns erspart geblieben. Aber Kindheit und Jugend waren mit jener Nacht mit einem Schlag vorbei.

Der Krieg ging dem Ende zu. Ich wohnte mittlerweile im Osten der Stadt, und ein fast täglicher Gang führte mich frühmorgens in die Pfarrkirche Mariahilf, wo ich beim Seelenamt für die Bombenopfer die Orgel zu spielen hatte. Überraschenderweise fand sich bis zuletzt immer ein kleiner Chor älterer Damen (von den lateinkundigen Ministranten liebevoll-boshaft »Clamor inopiae« – Gesangverein Notschrei – getauft), die im Chaos unbeirrt das »Gib ihnen die ewige Ruhe!« sangen. Beim Heimweg kamen die Tieffliger; in einem Unterstand liegend, während das MG-Feuer über den Messplatz fegte, dachte ich nach über Vergangenheit und Zukunft. Ich weiß noch, dass mich ein sinnloser wilder Zorn packte: Warum war ich, gerade ich, hineingerissen in Krieg und Zerstörung, in etwas, das ich nicht begonnen hatte und wofür ich keine Verantwortung trug?

Doch dann war plötzlich der Zusammenbruch da, die Kapitulation, das Kriegsende. Die Alarmsirenen gingen nicht mehr. Keine Bomben fielen mehr vom Himmel. Wir waren noch einmal davongekommen. Wir kniffen uns in Arme und Beine und stellten erleichtert fest: »Hallo, wir leben!« Wir wuchsen verwundert und nachdenklich inmitten von Trümmern auf. Hauptsache: Wir waren frei.

Hans Maier

Das Neue, das jetzt kam, sogen wir begierig auf wie ein Schwamm. Die Nachkriegszeit empfanden wir – trotz Hunger und Kälte, trotz der langsamen wirtschaftlichen Erholung, trotz neuer weltpolitischer Spannungen – nicht als eine Periode der Restauration, wie viele sie heute sehen wollen: Für uns war sie eine Zeit unglaublich reicher, vielfältiger Anregungen – man konnte so vieles in so kurzer Zeit kaum verarbeiten.

II

Auch die Politik trat neuerlich hervor. 1945/46 wurden die Christlich-Demokratische und die Christlich-Soziale Union gegründet. Ihre Gründer verfolgten einen doppelten Zweck: Es galt, die Weimarer Parteienzersplitterung durch eine Sammlung in der Mitte zu überwinden – und es galt, der jahrhundertealten konfessionellen Trennung die politische Zusammenarbeit der Konfessionen entgegenzusetzen.

Die CDU/CSU war eine Nova am deutschen Parteienhimmel. Zum ersten Mal erschien das Wort »christlich« in einem Parteinamen (wenn man vom evangelischen »Christlich-Sozialen Volksdienst«, einer kleinen Partei der Weimarer Zeit, absieht). Das war neu und sicherlich ein Wagnis. Das Wort »Union« zielte nicht nur auf die Parteiorganisation, es hatte auch einen ökumenischen Hintergrund. Mein historischer Lehrer Gerhard Ritter, ein evangelischer Christ und Widerstandskämpfer, der 1944/45 mit knapper Not dem Galgen entgangen war, hat uns Studenten oft geschildert, wie sich evangelische und katholische Gefangene in Berlin nach ihrer Befreiung im April 1945 in den Armen lagen: »Das war«, so pflegte er zu sagen, »der Anfang der Union.«

Zwischen den Konfessionen wurde nach dem 8. Mai 1945 vieles anders. Die alten geschlossenen Konfessionsgebiete verschwanden, lösten sich auf in der riesigen Wanderungs- und Mischungsbewegung der deutschen Bevölkerung 1944–1947. Das Zeitalter des *Cuius regio, eius religio* ging zu Ende. Wechselseitige Rücksicht zwischen den Kirchen entwickelte sich. Es kam zu interkonfessionellen Initiativen. Sie traten an die Stelle des alten Nebeneinanders – oft auch Gegeneinanders – der Bekenntnisse. Auch in den Ausdrucks- und Wirkungsformen übernahm man jetzt vieles voneinander: So traten seit 1949 Evangelische Kirchentage neben die schon hundert Jahre alten Katholikentage. Umgekehrt übernahmen die Katholiken von den Evangelischen die Einrichtung kirchlicher Akademien.

Neue Initiativen wurden in den 50er-Jahren vor allem in der Außenpolitik spürbar. Die europäische Integration wurde zu einem zentralen Vorgang in Frankreich, Italien, Deutschland und den Beneluxländern. Gemeinsam mit Robert Schuman, Alcide De Gasperi, Joseph Bech unternahm es Konrad Adenauer, den geschlagenen Deutschen eine neue Heimat in der europäischen Gemeinschaft zu geben. Definitiv schlug die deutsche Politik den Weg nach Westen ein; er sollte sich bald als endgültig und unumkehrbar erweisen. Spätere Bundeskanzler haben dann ähnliche Wege nach Osten gebahnt – so Brandt, Scheel und Schmidt. Helmut Kohl gelang schließlich Ende der 80er-Jahre –

Hans Maier

auf den Spuren Adenauers – die Wiedervereinigung der getrennten Teile Deutschlands und Hand in Hand damit die offizielle Beendigung des Krieges in Gestalt des Zwei-plus-Vier-Vertrages. Wir stehen heute mitten in der – bislang – längsten Friedensperiode unserer Geschichte, ohne Gegner oder gar Feinde an unseren Grenzen – vielmehr, wie man zu Recht gesagt hat, »umzingelt von Freunden«.

Ich will hier keinen Abriss der deutschen Nachkriegspolitik geben. Aber ich sehe die Anstöße, die ich in meiner Jugend erlebte, bis heute in der deutschen Politik weiterwirken, auch wenn sich manches im Lauf der Zeit abgeschwächt hat und Routine geworden ist. Die Haltung Deutschlands in der europäischen Flüchtlingsfrage 2015/16, die generelle Offenheit gegenüber Schutz- und Hilfesuchenden, erscheint mir als konsequente Fortsetzung jener Hinwendung zu Europa in den 50er-Jahren. Sie macht deutlich, dass für ein geeintes, der Humanität verpflichtetes Europa Freiheit nicht nur im Innern gilt, sondern auch Wirkungen nach draußen entfaltet. Notabene: Alle diese Anstöße, damals wie heute, gingen und gehen von Politikern aus, die sich als Christen bekennen, die zum mindesten ein persönliches Verhältnis zur christlichen Überlieferung haben. Unter den zwölf Bundespräsidenten und den acht Bundeskanzlern der Bundesrepublik Deutschland war bisher kein dezidierter Nichtchrist.

Da ich in der Adenauerzeit politisch geprägt wurde, da ich einer christlich-sozialen Partei angehöre und da ich einen Teil meines Lebenswerkes der Erforschung der christlichen Demokratie gewidmet habe, bin ich sensibel, wenn sich Grundsätzliches verändert, wenn Fundamente einbrechen, die lange Zeit als fest, ja unerschütterlich galten.

Dass christliche Werte in der Öffentlichkeit schwächer werden, wenn die Kirchen laufend Mitglieder verlieren, das ist ein wohl unvermeidlicher Prozess. Er geht eher schleichend als in großen Schüben und Stößen vor sich. Noch umfassen die großen Kirchen in Gesamtdeutschland mehr als die Hälfte der Bevölkerung. Noch hat sich unser vom Christentum geprägter Jahres-Festkalender kaum verändert. Feste kirchlichen Ursprungs und christliche Rituale umgeben nach wie vor die »Passagen« unseres Lebens, wenn auch ihr Einfluss nicht mehr so deutlich spürbar wird wie früher und vieles inzwischen einfach ein Stück Gewohnheit ist. Aber wir leben noch immer in einer Welt, die vom christlichen Verständnis des Lebens geprägt ist. Nicht nur, dass wir unsere Jahre nach Christi Geburt datieren – so auch das gegenwärtige Jahr 2018 –; wir empfinden auch unser Leben, christlicher Vorstellung folgend, als einen einmaligen, unumkehrbaren, unwiederholbaren Akt, als ein Geschehen, für das wir Verantwortung tragen und das auch unsere unmittelbare Umgebung verpflichtet.

Die *nachreligiöse* Gesellschaft, in der wir uns bewegen, ist keine *irreligiöse* Gesellschaft; sie hat sich nur von ihren religiösen Ursprüngen entfernt, sodass sie das überlieferte Wahre oft nicht mehr als etwas Lebendiges spürt und weitergeben kann. Diese Überlieferung wieder bewusst zu machen, ist eine wichtige Aufgabe für uns Christen in der Gegenwart und Zukunft. Dazu braucht es Geduld, Überraschungsfestigkeit und einen langen Atem.

III

Im neunten Lebensjahrzehnt darf man wohl auch vorsichtig versuchen, eine Summe zu ziehen. Ich tue es ausschnitthaft, anekdotisch, und verbinde es mit vielfältigem Dank. Woran erinnere ich mich gern? Worüber bin ich glücklich? Wofür im Einzelnen habe ich zu danken?

Zunächst einmal muss ich, wie jeder Mensch, den Eltern und Verwandten, den Menschen der nächsten Nähe danken. Der liebe Gott hat mich wahrhaftig in einer freundlichen und anregenden Umgebung auf die Erde gesetzt. In meiner weiten, meist bäuerlichen Verwandtschaft am Oberrhein gab es zu meiner Zeit keinen einzigen Akademiker – aber auch keinen einzigen Nazi. Provozierend sage ich immer, dass mein Großvater, Dorfbürgermeister mit einfachster Volksschulbildung, von den Nazis 1933 abgesetzt, von den Franzosen 1945 wieder eingesetzt, klüger war als der Philosoph Martin Heidegger. Der überließ sich 1933 dem revolutionären Sturm, proklamierte den »Wissensdienst« als »Arbeitsdienst« und schwärmte von Hitlers Künstlerhänden. Mein Großvater August Klingler dagegen hat sich über die Nazis keinen Augenblick getäuscht; er verschloss die Fensterläden am Stubenfenster, als der Führer mit seinem Gefolge im Mai 1939 bei der Besichtigung des Westwalls durch Hausen fuhr: »Den will ich nicht sehen.« (In Klammern gesagt: Aus der Berührung mit der Person und dem Weg Martin Heideggers rührt mein abgründiges, lebenslang anhaltendes Misstrauen gegenüber der politischen Urteilskraft von Intellektuellen und Gelehrten.)

Sodann habe ich meinen Religionslehrern zu danken: einmal dem Pfarrvikar Alfons Ketterer, der mit uns Fußball spielte, ohne die Soutane abzulegen, was ihm keiner nachmachte, der uns von Heinrich Brüning und Ludwig Wolker erzählte, der ausländische Sender mit uns hörte, im Luftschutzkeller mit uns saß und in den letzten Kriegstagen mit uns auf den noch unbeschädigten Kirchturm stieg, wo wir zitternd das Kriegsgeschehen am Oberrhein beobachteten. Sodann dem Religionslehrer am Berthold-Gymnasium, Karl Friedrich Krämer, einem Pfälzer, der uns langsame Alemannen durch seinen Redefluss und seine Schlagfertigkeit verblüffte. Er wagte es, mitten im »Dritten Reich« im Religionsunterricht Rosenbergs »Mythus des 20. Jahrhunderts« in der Luft zu zerreißen. Er war aber auch nicht unkritisch gegenüber dem Freiburger Erzbischof Conrad Gröber, und dies aus gutem Grund. »Conrad der Plötzliche«, wie er im Freiburger Volksmund hieß, war 1933 nämlich als »brauner Bischof« hervorgetreten; er war einer der Anreger und Verteidiger des Reichskonkordats, ehe er sich später zum entschiedenen Nazigegner wandelte. Er war sogar förderndes Mitglied der SS geworden. Als er den Alttestamentler Krämer – wohl halb-ironisch – fragte: »Na, Krämer, werden Sie auch bald förderndes Mitglied der SS?«, nahm dieser Haltung an und erwiderte: »Nein, Exzellenz, das überlasse ich dem Erzbischof und dem Domkapitel!« (So hat er selbst es mir erzählt.) Diesen Ausspruch nahm ihm der Erzbischof übel. Aus dem Mann ist in der Kirche nie etwas Besonderes geworden. Aber für uns Schüler war er ein Glücksfall, denn er war glaubwürdig – in der Nazizeit wie auch danach.

Sehr zu Dank verpflichtet bin ich Gertrud Luckner, die ich im Krieg in Freiburg kennenlernte. Sie half verfolgten Juden, übrigens im Auftrag des – inzwischen längst von seinem NS-Verstehen kurierten – Erzbischofs Gröber, wurde von der Gestapo verhaftet und ins KZ Ravensbrück verschleppt, von wo sie nach Krieg und Nazizeit schwerkrank zurückkam. Gemeinsam mit Karl Thieme begründete sie den – bis heute bestehenden – »Freiburger Rundbrief«, der sich für die Begegnung von Juden und Christen einsetzte. Mutig nahm sie den Kampf gegen die alte Karfreitagsbitte für die Juden auf, die noch lange, bis in die Zeit unmittelbar vor dem Zweiten Vaticanum, als »perfidi« – treulos, ungläubig – bezeichnet wurden. Mit Luckner und Thieme begann ich darüber nachzudenken, ob man auch künftig vom Alten Testament reden sollte oder eher von der Hebräischen Bibel; ob man so einfach wie bisher im »Tantum ergo« singen könne: »et antiquum documentum / novo cedat ritui«, was ja nichts anderes besagt, als dass der Alte Bund dem Neuen »gewichen« sei – während wir doch inzwischen sogar aus päpstlichem Mund wissen, dass er fortbesteht.

Glücklich bin ich darüber, dass ich auf ganz unkonventionellem Weg zur Wissenschaft gekommen bin – und dass ich darüber die Verbindung zu den Verwandten in Stadt und Land nie verloren habe. Seit meiner Jugend interessierte mich die Französische Revolution. Bücher wie »Die Herrgottsschanze« von Wilhelm Hünermann und »Die Fahrt der Treuen« von Johannes Kirschweng verschlang ich schon in frühen Jahren. Im Frühjahr 1957 saß ich einige Zeit in der Nationalbibliothek in Paris. Ich suchte nach den Ursprüngen der christlich-demokratischen Bewegungen und Parteien. Wie groß war mein Erstaunen, als ich ausgerechnet in den Parlamentsakten der Französischen Revolution den ältesten Beleg für dieses Wort fand – man hat bis heute keinen älteren gefunden. Die »christliche Demokratie« war zwar kein Teil der Französischen Revolution, aber sie bildete ein historisches Potenzial, das im Lauf der Zeit erstarkte und an Gewicht gewann. So taucht sie nach 1945 nicht einfach aus dem Dunkel auf, sie hat ihre 150-jährige Vorgeschichte.

Galt diese Entdeckung der Kirche, so betraf eine zweite den Staat. Ich entdeckte – gleichfalls in Paris – Nicolas de La Mares monumentalen »Traité de la Police« vom Anfang des 18. Jahrhunderts. Die schweren Folianten – sie wurden damals noch von Saaldienern zu den Arbeitstischen gebracht – boten eine fesselnde Lektüre. Man fand hier ein umfassendes Register staatlicher Tätigkeiten, ein nahezu vollständiges »Maschinenbuch« der Staatsverwaltung – vom Personenstand bis zu Markt und Handel, von den Kleiderordnungen bis zu den Reglements für Geburten, Eheschließungen, Begräbnisse, für Wohnung, Nahrung, Verkehr. Ich suchte nach Parallelen in Deutschland und fand die Polizeiordnungen und die akademische »Polizeiwissenschaft«. »Policey« im älteren, weiten Sinn (= innere Verwaltung) – das war ein ausgedehntes Reich, ein kleiner Kontinent. Auf diesem noch kaum erschlossenen Gelände tummelte ich mich frühzeitig als Student und junger Doktor. Und so wurde mit der Zeit aus mir ein Wissenschaftler, ein Gelehrter, ein Hochschullehrer.

Und wie kam ich in die Politik? Das hängt mit den Achtundsechzigern zusammen, mit den revoltierenden Schülern und

Studenten, über die zur Zeit – nach 50 Jahren – in den Medien viel gesprochen und geschrieben wird. Ich hatte 1967/68 als frischberufener Professor wie viele jüngere Kollegen versucht, an den Hochschulen Reformen einzuleiten. Sie schienen uns dringend nötig zu sein. Der Gewalt allerdings, die sich bald ausbreitete, trat ich von Anfang an entgegen. Mich empörte vor allem, dass einzelne Achtundsechziger in Berlin, Heidelberg und München jüdischen Kollegen das Leben schwer machten. Solche Chaoten nahm ich ins Visier. Ich gründete den »Bund Freiheit der Wissenschaft«, sammelte das entmutigte Häuflein der Professoren. Das wiederum brachte mich mit Franz Josef Strauß in Verbindung. So kam ich in die bayerische, die deutsche Politik. 16 Jahre habe ich in Bayern das Amt des Kultusministers ausgeübt – acht Jahre unter dem Landesvater Alfons Goppel, acht Jahre unter dem Bayernherrscher Franz Josef Strauß (Sie sehen meinen Sinn für Symmetrie!). Dann kam ich – nicht ganz freiwillig – wieder in die Wissenschaft zurück.

Nachträglich muss ich sagen: Es war mir zum Heil. Ich wollte heute die Jahre der Politik nicht missen; ich habe vieles erfahren, vieles gelernt, was ich im Seminar, am Schreibtisch nie hätte lernen können. Aber ich bin doch froh, dass ich danach in der Wissenschaft eine »zweite Ausfahrt« geschenkt erhielt, eine Zeit, in der ich Forschungen zur christlichen Zeitrechnung und internationale Studien über Totalitarismus und politische Religionen in Gang bringen konnte. Neue Aufgaben erhalten frisch. Und in Gewohnheit und Routine sollte man nie versanden – auch und gerade im Alter nicht.

Nun würden meine Kinder sagen: Typisch für dich, du redest die ganze Zeit von dir, deine treue Frau nennst du nicht – von uns gar nicht zu reden. Schuldbewusst senke ich mein Haupt. In der Tat verdanke ich meiner Frau das meiste: dass ich stets arbeiten konnte, weil sie sich um die wichtigen täglichen Dinge kümmerte; dass ich mich selten in eine Sache total verrannt habe, weil sie mit ausgleichendem Sinn – auch mit Kritik – zur rechten Zeit zur Stelle war. Ohne sie, ohne ihre teilnehmende Sorge gäbe es den Wissenschaftler Hans Maier gar nicht. So muss ich um Entschuldigung bitten, dass ich ihr und den Kindern vieles an Zeit und Hingabe schuldig geblieben bin. Es lag eben daran, dass ich manchmal, allzu störrisch, in andere wichtige Frauen vernarrt war: in die Wissenschaft, die Politik, die Geschichte, die Musik – so, wie das Leben eben spielt!

Der Zirkeltag

Wolfgang Thierse

Am 5. Februar 2018 gab es ein besonderes Datum, den sogenannten »Zirkeltag«: An diesem Tag haben wir Deutschen genauso lange gemeinsam und ohne Mauer gelebt, wie wir durch die Mauer getrennt haben leben müssen – 28 Jahre und drei Monate. Für mich war das ein Anlass, nachzudenken, schließlich habe ich die volle Zeit mit und ohne Mauer durchlebt. Die Zeit seit dem 9. November 1989 ist rasend schnell vergangen, in meiner Wahrnehmung so schnell, dass mir die Zeit davor – mein DDR-Leben – wie der pure Stillstand erscheinen will. So sehr hat sich unser Land seither verändert – und mein eigenes Leben auch!

Ich erzähle heute deshalb von den ersten 47 Jahren meines Lebens, nicht von den letzten 28 Jahren, denn da war mein Leben ja ziemlich öffentlich.

Ich bin im Oktober 1943 geboren – mitten im verbrecherischsten Krieg der Weltgeschichte, bin also ein Kriegskind (wie man das heute summierend nennt) – in Breslau, der Hauptstadt Schlesiens, die heute eine schöne polnische Stadt ist, weil von den Polen wieder aufgebaut, nachdem sie am Ende des Krieges auf Befehl eines wahnsinnigen NSDAP-Gauleiters zur Festung erklärt und so fast vollständig zerstört worden war.

Der Zirkeltag

Meine Kindheit und Jugend fanden im Schatten des Krieges und seiner Folgen statt. Aus unserer Heimatstadt vertrieben, fand sich unsere Familie in Thüringen (also in der späteren DDR) wieder, während der weitaus größere Teil unserer schlesischen Familie im Westen Deutschlands landete. Ein historisch-biografischer Zufall, der höchst folgenreich war für mich. Aber wem soll ich dafür einen Vorwurf machen!?

Meine Kindheit habe ich in einer kleinen Stadt im Süden Thüringens erlebt: mit den Nachkriegs-Not-Erfahrungen, mit den Anfängen aus dem materiellen und sozialen Nichts, mit dem Erlebnis von Fremdheit, genauer von mehrfacher Fremdheit: Wir waren Vertriebene unter Alteingesessenen; wir hatten als Kinder (»aus gutem Hause«) Hochdeutsch zu sprechen im Unterschied zum fränkischen Dialekt der Nachbarskinder und Schulkameraden; wir waren katholisch unter (damals noch) lauter Evangelischen. Bis 1945 gab es in der Kleinstadt keine katholische Gemeinde; nun aber gab es eine, bestehend aus Flüchtlingen und Vertriebenen unterschiedlicher Herkünfte. Die Gemeinde wurde zur Beheimatung im gemeinsamen Glauben und in der gemeinsamen Trauerarbeit wegen des Heimatverlustes. Ich bin aufgewachsen mit den schmerzenden Erzählungen der Eltern, der Verwandten und Bekannten über die verlorene schöne Heimat.

Der Gemeindeort war eine Baracke; im Winter froren wir beim Gottesdienst und im Sommer schwitzten wir. Ein Kirchenbau wurde nie erlaubt, aus der hölzernen Baracke durfte nur eine steinerne Baracke werden. Die Baracke ist mein bleibendes Bild von Kirche, von Kirche unterwegs!

Eine weitere Fremdheit war: der neue Staat, der sich – ursprünglich antifaschistisch motiviert und bemäntelt – zur SED-Diktatur entwickelte. Ich erinnere mich an den Kirchenkampf der 1950er-Jahre, an die kleineren oder größeren Einschüchterungen und Schikanen, die die evangelischen und katholischen Christen betrafen. Ich erinnere mich an die Einführung und Durchsetzung der Jugendweihe als Bekenntnis zum Staat und zu atheistischer Weltanschauung. Damit verbunden ist die Erinnerung an ein frühes, kleines Erfolgserlebnis: Mein Nein zur Jugendweihe im achten Schuljahr hatte ansteckende Wirkung. Im Unterschied zur Nachbarklasse, in der alle an der Jugendweihe teilnahmen, nahm die Hälfte meiner Klasse daran nicht teil (»wenn der Wolfgang nicht mitmacht und sein Vater ihn schützt, dann können auch wir Nein sagen«). Für mich war das auch ein bleibendes Beispiel dafür, was Engagement und Mut von Christen bewirken können. Mein Vater war damals Vorsitzender des Elternbeirats der Schule und war bereit, für alle die einzutreten, denen Benachteiligungen in der Schule drohten.

Die 50er-Jahre bis zum Mauerbau 1961 waren auch die Zeit der ständigen quälenden Entscheidung: in den Westen abhauen oder dableiben (meine Kleinstadt lag an der Grenze zu Bayern)? Wie viele Schulkameraden habe ich von der ersten Klasse an über die Jahre hin verloren! Wie viele »Republikflüchtlinge« hat mein Vater als Rechtsanwalt verteidigt und ihnen nur wenig helfen können, denn »Republikflucht« war ein besonders bösartig verfolgter Straftatbestand in der DDR.

Und nach dem 13. August 1961: Mein letztes Schuljahr vor dem Abitur war geprägt von dem Gefühl des Eingesperrtseins, einer bedrohlichen Zukunftsverengung. Sie können sich vielleicht vorstellen, was das für einen 18-Jährigen bedeutet! Ich erinnere mich an die Klassenaufsätze dieses letzten Schuljahres, die wir durchaus unter Androhung von Konsequenzen zu schreiben hatten: »Würden Sie auf einen Deutschen schießen?« und »Ein Gewehr ist eine gute Sache, wenn es für eine gute Sache ist« (Bertolt Brecht). Unsere Abiturzeitung, an der ich mitgeschrieben hatte, wurde verboten; meine Abi-Dankesrede sollte zensiert werden, ich wurde zum Kreisschulrat bestellt, um sie ihm vorzulegen, und habe dort einfach behauptet, dass ich nichts Schriftliches hätte (so wird man gezwungen, frei reden zu lernen). Wer etwas über die Atmosphäre an den Schulen in der DDR in dieser Zeit erfahren will, der sollte sich den Film »Das schweigende Klassenzimmer« ansehen.

Seit 1964 lebe ich nun in Berlin (Ost). Ich habe an der Humboldt-Universität Kulturwissenschaft und Germanistik studiert – das waren damals marxistisch geprägte Geistes- (in der DDR hieß das Gesellschafts-) Wissenschaften geworden. Ich habe Vorlesungen gehört unter der Losung an der Vorderfront des Hörsaales: »Der Marxismus ist allmächtig, weil er wahr ist (Lenin)«, das habe ich immer als eine Drohung empfunden. Zugleich war ich sehr aktiv in der katholischen Studentengemeinde Ost-Berlins. Das war damals ein Ort lebendiger Debatten und relativer Freiheit in einem unfreien Land, ein Ort vor allem einer solidarischen Gemeinschaft. Wir haben damals teilgenommen am innerkirchlichen Aufbruch durch das Konzil. Wie viele Gäste aus dem Westen waren als Referenten bei uns: Karl Rahner, Mario von Galli, Johann Baptist Metz, Hans Maier (der uns einen Vortrag über das Verhältnis von katholischer Kirche und Demokratie gehalten hat und der mir nach einer intensiven Diskussion einige Wochen später eine dreibändige Ausgabe mit kritischen Texten zum Marxismus zukommen ließ) und viele andere. Das ist wohl eine Generationserfahrung, die sich mit dem Konzil und den Synoden in Würzburg und Dresden verbindet: Für uns ist die Kirche unsere Sache, wir alle sind die Kirche. Es wäre schön, wenn wir diese Erfahrung weitergeben könnten!

Als Studenten haben wir auch teilgehabt an der 68er-Studentenrevolte; der 68er-Geist schwappte ein wenig über die Grenze herüber mit den regelmäßigen Gästen aus Westberlin, aus westdeutschen Studentengemeinden, die unsere Diskussionskultur beförderten. Ich erinnere mich allerdings auch daran, dass ich mit meiner Marx-Kenntnis den westdeutschen studentischen Besuchern ziemlich überlegen war: Ich hatte die »Klassiker« gelesen, viele der Besucher schwadronierten nur marxistisch daher. Aus dieser Zeit stammen auch anhaltende Freundschaften mit Münsteranern, denn die KSG Münster war mit der Ostberliner KSG partnerschaftlich verbunden. Das war ein Teil dessen, was man als historische Leistung der Kirchen nicht vergessen sollte: Sie waren eine der Klammern zwischen dem gespaltenen Land und Volk.

Meine Erinnerung an 1968 ist aber auch die Erinnerung an den Prager Frühling, an den Versuch eines »Sozialismus mit menschlichem Antlitz«. Wir hatten ja auch tschechische Gäste und waren in Prag gewesen und richteten unsere Hoffnungen dorthin und wurden bitter enttäuscht.

Der Zirkeltag

Ich will auch an meinen Blick auf die deutsch-deutschen Verhältnisse, auf die innerdeutsche Politik erinnern. Ich habe – wie wohl die meisten Ostdeutschen, Christen wie Nichtchristen – die Ost- und Entspannungspolitik mit Sympathie, ja mit heftiger Zustimmung erlebt. Ein Erlebnis will ich etwas ausführlicher vergegenwärtigen. Im Dezember 1964, nachdem ich frisch nach Berlin gekommen war, bin ich zum S-Bahnhof Friedrichstraße gegangen, um mir anzusehen, was das Ergebnis des Passierscheinabkommens zwischen dem Willy-Brandt-Senat und der DDR-Regierung war. Die Ostberliner warteten vor den extra errichteten Kontrollhäuschen auf ihre Westberliner Verwandtschaft, man fiel sich um den Hals. Ein bewegender Anblick, ich hätte ein bisschen mitweinen können mit den Berlinern. Damals habe ich begriffen, was demokratische Politik sein kann und was sozialdemokratische Politik sein muss: etwas für Menschen tun, die für sich selber nicht Politik machen können, nämlich für die auf unterschiedliche Weise eingesperrten DDR-Bürger und Westberliner. Nicht die großen Worte und Systemutopien, sondern konkrete menschliche Erleichterungen, die Förderung des menschlichen Zusammenhalts über politische Grenzen hinweg, die man frontal nicht überwinden konnte. Deswegen bin ich innerlich damals wohl schon Sozialdemokrat geworden – und deswegen auch mein entschiedenes Ja zu den Ostverträgen vom Anfang der 70er-Jahre und zur Schlussakte von Helsinki 1975 (mit dem Korb III, den Vereinbarungen zu den Menschenrechten).

Ich bin bis heute überzeugt, dass die Ost- und Entspannungspolitik eine wirkliche, wenn auch mühselige und von Enttäuschungen begleitete, aber trotzdem große Erfolgsgeschichte ist, die dem Frieden in Europa gedient hat. Sie war auch eine vernünftige Antwort auf einen Zustand, den Karl Friedrich von Weizsäcker (der Physiker, Philosoph und Friedensforscher) in den 60er-Jahren schon mit einem Satz beschrieben hat, den ich eigentümlicherweise bis heute nicht vergessen habe: Das Gefährliche der heutigen Weltsituation bestehe darin, dass eine der beiden Supermächte (die Sowjetunion) nur militärisch stark sei, aber wirtschaftlich und zivilgesellschaftlich schwach (mir scheint das auch heute von durchaus zutreffender Aktualität).

Ich überspringe meine 70er- und 80er-Jahre. Ich habe die DDR von Anfang bis zu ihrem Ende durchlebt, habe versucht, den eigenen Maßstäben von Anstand und Intelligenz zu folgen – in der DDR lebend, aber irgendwie nicht dazugehörend, nicht mit ihr mich identifizieren könnend. Es ging nicht um Heldentum oder Märtyrertum – aber Minderheit sein, Diaspora, das heißt ganz fundamental: Nichts ist selbstverständlich. Alles muss gegen Bedrängnis, gegen Verdacht, gegen Zweifel behauptet und verteidigt werden. Zum sonntäglichen Gottesdienst zu gehen, am Religionsunterricht (in der Gemeinde, nicht an der Schule), an der ersten Heiligen Kommunion oder Konfirmation, an der Jungen Gemeinde, an der KSG oder ESG teilzunehmen – das war nicht alltagskulturell vorgegeben, nicht mehr dem Zwang des Milieus geschuldet, sondern wurde zum Bekenntnis, dem eine ausdrückliche Entscheidung zugrunde lag, für die man Gründe haben musste – vor seinem Gewissen, seinem Verstand und seinen Schulkameraden, Freunden und Kollegen (auch das will mir durchaus aktuell vorkommen).

Und nun zum Jahr 1989/90 – dem wichtigsten Jahr meines Lebens. Das bleibt es, was auch immer mir in meinem öffentlichen, turbulenten Leben seit 1990 begegnet und passiert ist! Die Erinnerung an die überraschende Wendung der Geschichte verblasst nicht, das Glücksgefühl über Friedliche Revolution und Deutsche Vereinigung ist zäh, jedenfalls bei mir, und bleibt verbunden mit einem Gefühl großer persönlicher Dankbarkeit für dieses historisch-biografische Geschenk.

Der 3. Oktober 1990, der Tag der staatlichen Vereinigung, war aber trotzdem kein bloßes Geschenk, sondern das hart errungene Ergebnis einer friedlichen Revolution – der ersten ihrer Art in der Geschichte unseres Volkes. Es gab gewiss zuvor schon einige Revolutionen in Deutschland, aber eben keine, die unblutig verlief und zugleich erfolgreich war. Eine Revolution, in der Freiheit und Einheit nicht zum Gegensatz wurden – im Gegenteil. Eine Revolution zudem, die in ganz Europa mit Sympathie begleitet wurde. Ein historisches Wunder war sie also auch. Erst die Freiheit – dann die Einheit! Erst der 9. Oktober 1989, dann der 3. Oktober 1990 – das war die Reihenfolge der Ereignisse, die zusammen erst den geschichtlichen Prozess charakterisieren.

Im Spätsommer und Herbst 1989 hatten die Ostdeutschen auf wöchentlich wachsenden Demonstrationen in Leipzig und anderen Städten ihre Angst verloren – die Angst, die die halbe Macht der Diktatur ist – und sie hatten zugleich ihre Sprache, ihren Mut wiedergefunden: »Wir sind das Volk!«, riefen die Demonstranten, und dieser Ruf war Ausdruck eines neu erwachten Selbstbewusstseins. Wir und nicht ihr da oben, ihr SED-Herrschaften! Zugleich ist auf den Zusammenhang mit der zeitgleichen Fluchtwelle via ungarisch-österreichischer Grenze und über die bundesdeutschen Botschaften in Prag und Warschau hinzuweisen. Erst als (wieder) Tausende flüchteten oder Ausreiseanträge stellten, war es eine Drohung, »Wir bleiben hier« auf ein Plakat zu schreiben: Wir überlassen das Land nicht euch, nicht der SED und der Stasi (in einem geschlossenen Gefängnis wäre das eine ziemlich unsinnige Losung gewesen).

Die Zuversicht wuchs, dass man gemeinsam etwas ändern könne, endlich. Ein Transparent, das im Herbst 1989 in Leipzig zu sehen war, formulierte es: »Jetzt oder nie, Freiheit und Demokratie!« Um die geradezu existenzielle Bedeutung dieser Losung zu verstehen, muss man in die Geschichte zurückgehen. Die erste Erhebung gegen die sowjet-kommunistische Herrschaft fand in der DDR statt – am 17. Juni 1953 (ich war damals neun Jahre alt). Er wurde von den sowjetischen Truppen niedergeschlagen. Es folgten 1956 die Aufstände in Polen und Ungarn (ich war zwölf Jahre alt). Sie wurden von sowjetischen Truppen niedergeschlagen. Der 13. August 1961 (ich war 17 Jahre alt): Der Bau der Mauer folgte im Schutz der sowjetischen Truppen. 1968 (ich war 24 Jahre alt): Der Versuch eines menschlichen, demokratischen Sozialismus im Prager Frühling wurde unter Führung der sowjetischen Truppen niedergeschlagen. 1980/81 (ich war 37 Jahre alt): Die polnische Oppositionsbewegung »Solidarność« wurde durch Kriegsrecht im Schutz der sowjetischen Truppen unterdrückt. Die Geschichte der DDR und unserer östlichen Nachbarn war eine Geschichte der enttäuschten Hoffnungen, der Niederlagen, bis nur der Mut der Verzweiflung blieb. Und die Einsicht: Erst wenn sich in Moskau etwas ändert, dann sind vielleicht auch bei uns Änderungen möglich. Das war der neue, vielleicht letzte Hoffnungsschimmer, der sich mit Gorbatschow, mit »Perestroika« und »Glasnost« verband. Jetzt, vielleicht, endlich können wir das Land verändern! Das war die Stimmungslage 1989: zwischen Verzweiflung und Hoffnung (so habe ich es damals empfunden, so ist meine Erinnerung).

Ja, es war eine friedliche Revolution. Aber man darf trotzdem nicht vergessen, dass dies ganz und gar nicht selbstverständlich war. Vor dem Wunder von Leipzig waren am 4./5. Oktober 1989 in Dresden und am 7./8. Oktober in Berlin Hunderte von Menschen von Polizei- und Stasikräften verprügelt und verhaftet worden. Vor diesem Hintergrund war der 9. Oktober in Leipzig wirklich ein Wunder. Über 70.000 demonstrierten und es gab keine Gewalt, es fiel kein Schuss (obwohl dafür alles vorbereitet war)! Es gab keinen Befehl aus Moskau und deshalb keinen Befehl aus Ostberlin. Der 9. Oktober war der Höhe- und Umschlagpunkt der Herbstrevolution.

Dass die Friedliche Revolution in der DDR erfolgreich war, Freiheit und Einheit möglich wurden, das war nicht zwingend, nicht »gesetzmäßig«, nicht logisch, nicht unvermeidlich. Es bedurfte einer Reihe historischer Vorläufer und des Zusammenwirkens verschiedener Ereignisse, Konstellationen, Kräfte:

Es bedurfte des KSZE-Prozesses, also der Überwindung des Kalten Krieges durch die westliche Entspannungspolitik. Es bedurfte der russischen Dissidenten von Sacharow bis Solschenizyn und ebenso des Vorbilds der tschechischen »Charta 77« (mit meinem »politischen Heiligen« Vaclav Havel, dessen Buch

»Versuch, in der Wahrheit zu leben« die wichtigste politische Lektüre meiner DDR-Existenz war). Ohne den polnischen Papst Karol Wojtyła wäre diese geschichtliche Wendung vermutlich so nicht möglich geworden. Ich erinnere mich daran, wie mein Vater 1978 angesichts der Wahl des polnischen Kardinals zum Papst mit großer Bewegung sagte: »Gott hat uns doch nicht vergessen.« Und unvergessen bleibt mir der päpstliche Besuch 1979 in Warschau und seine Worte vor über einer Million Menschen: »Habt keine Angst!« Die Kraft, die Ausdauer und der disziplinierte Mut der polnischen Bewegung »Solidarność« bis zu ihrer grandiosen Erfindung des Runden Tisches – und »Solidarność« hätte es eben auch nicht ohne die katholische Kirche gegeben – waren notwendig, ebenso die Intelligenz der ungarischen Reformkommunisten (die die Grenze öffneten). Unerlässlich war auch die Perestroika-Politik Gorbatschows (der – Gott sei Dank – die in der DDR stationierte Rote Armee nicht gegen die ostdeutschen Demonstranten zum Einsatz brachte); und schließlich bedurfte es des ökonomischen und des moralischen Desasters der SED-Politik (die auf der ganzen Linie gescheitert war) – und eben auch der Zivilcourage der Oppositionsgruppen, aber auch der Desillusionierung der DDR-Bürger und der Überwindung unserer Angst. Nicht vergessen will ich die Handlungsfähigkeit westlicher Politiker (von Helmut Kohl bis George Bush sen.).

Erst im Zusammentreffen dieser Voraussetzungen, als Wirkung dieser Entwicklungen wurde sichtbar und wirksam, dass die Raison d'être der DDR verbraucht und zerstört war. Die DDR hatte ja nie eine eigene nationale Identität, sondern nur einen einerseits sicherheits- und machtpolitischen Existenzgrund als Westposten des sowjetischen Imperiums und andererseits eine immer prekäre, immer labile ideologische Identität, zunächst aus Antifaschismus gespeist, dann aus marxistisch-leninistischer Ideologie.

Auch aus Sicht der kommunistischen Staatspartei SED hatte die DDR ihre Rechtfertigung nur als Alternative zur »bürgerlichen«, »kapitalistischen« Bundesrepublik. Doch wo die Ideologie nicht mehr geglaubt wird, wo die Kluft zwischen ideologischem Anspruch und erlebter Wirklichkeit unüberbrückbar geworden ist, wo der Vorposten unnötig wird, da zerbricht die Basis für den mit so viel Mühe und Druck erbauten und verteidigten Staat: Der revolutionäre Zusammenbruch war die Konsequenz.

Was uns, die DDR-Bürger, im Herbst 89 beflügelt hat, das war der millionenfach erlebte Ausbruch an Mut und Zivilcourage, an Phantasie, Kreativität und Witz (immer noch erinnere ich mich mit Vergnügen an den 4. November 1989 in Berlin, die größte Kundgebung der Herbstrevolution). Dieser Zugewinn an Selbstvertrauen setzte ungekannte Energien frei und befähigte uns, die zu regelnden gesellschaftlichen und politischen Dinge in die eigenen Hände zu nehmen. Die bis dahin weitgehend atomisierte Zivilgesellschaft organisierte sich: Neue Initiativgruppen und Bündnisse übernahmen die politische Verantwortung in den Gemeinden, in den Städten, im Staat. Und die alten Machthaber verloren nach und nach ihre zuvor unkontrollierte, unbeschränkte Macht. Überall entstanden in dieser »revolutionären Phase« Runde Tische zur Regelung der dringendsten Fragen – unter Beteiligung aller gesellschaftlichen Gruppen – und meist unter Moderation von (evangelischen und katholischen) Pastoren. Ich selbst engagierte mich 1989 beim »Neuen Forum« und trat dann im Januar 1990 der von Bürgerrechtlern neu gegründeten Partei SPD-Ost bei. Schon wenige Monate später wurde ich zum Vorsitzenden dieser Partei gewählt: Auf so atemberaubende Weise werden Biografien in revolutionären Zeiten beschleunigt!

Ihre formell demokratische Legitimation erhielten die Forderungen der Demonstranten vom Herbst 1989 am 18. März 1990 – dem Tag der ersten freien Parlamentswahl in Ostdeutschland. An diesem Tag machten die mündig gewordenen Bürgerinnen und Bürger der DDR eine ganz neue Erfahrung – ihr Kreuz auf einem Wahlschein war wirklich etwas wert: Sie wählten die zehnte und zugleich letzte Volkskammer – und das war eine, die diesen verpflichtenden Namen auch verdiente. Nach knapp sechs Jahrzehnten und zwei Diktaturen konnten die Ostdeutschen erstmals in einem demokratischen Verfahren auf die politische Gestaltung ihres Landes Einfluss nehmen. (Mein Vater, von dem ich vermutlich meine politische Leidenschaft geerbt habe, hat in seinem ganzen Leben kein einziges Mal an einer wirklich freien Wahl teilnehmen können! Er war am 31. Januar 1933 volljährig, also wahlberechtigt geworden und ist Anfang März 1990 gestorben.)

Die Wahl vom 18. März 1990 markierte einen wichtigen Wendepunkt: Sie beendete die revolutionäre Phase und eröffnete die parlamentarische. Aus Basisgruppen und Bewegungen wurden Parteien. Aus einfachen Bürgerinnen und Bürgern, die eben noch »Erstwähler« waren, wurden Abgeordnete, Staatssekretäre, Minister. Ich hätte mir in früheren Jahren nicht vorstellen können, jemals selbst in ein demokratisches Parlament einziehen zu können.

In den neu entstehenden oder sich verändernden Parteien spielten dann Christen beider Konfessionen eine viel größere Rolle, als nach dem faktischen christlichen Bevölkerungsanteil in der DDR zu erwarten gewesen wäre. Das spiegelte die große Rolle der Christen in der Herbstrevolution wider, ohne die sie nicht die Friedliche Revolution geworden wäre.

Der Aufbruch so vieler Christen in und nach der Revolution von 1989/90 war auch ein Ausbruch der Christen aus dem Gehäuse ihrer Kirchen. Das gilt insbesondere für die Katholiken. Deren (auch zahlenmäßig) großes Engagement beim demokratischen Neuanfang ist von manchem Beobachter mit überraschtem Erstaunen wahrgenommen worden. Als hätten die Katholiken (und die Christen überhaupt) nur darauf gewartet, endlich guten Gewissens mitmischen zu können! Als hätten sie aus ihrem Nicht-einverstanden-Sein mit dem real-sozialistischen System, aus ihrem Nicht-dazugehören-Können geradezu Kraft geschöpft! Als wäre die Rechtfertigung ihres In-der-DDR-geblieben-Seins zu einem Antriebsmotiv für das nun mögliche politische Engagement geworden! Als könne man nun endlich die Konsequenz aus der verpflichtenden Einsicht ziehen, dass es keinen nur geglaubten christlichen Glauben geben kann, denn er ist immer Einweisung in gutes, sinnvolles Leben, in Leben für andere, also auch in gesellschaftliche Praxis, also auch – im vernünftigen und weiten Sinne des Begriffs – in Politik! Als könnten wir endlich die »Schizophrenie« – hier das »fromme« private Leben, dort die »unfromme« gesellschaftliche Praxis – überwinden und nicht nur halbierte, sondern ganze Christen sein!

Dass unter denen, die die Friedliche Revolution und den demokratischen Neuanfang 1989/90 prägten, besonders viele evangelische und katholische Christen waren, will mir noch immer als eine besonders schöne Pointe der Geschichte erscheinen: Der Staat, in dem Religion bestenfalls Privatsache sein sollte, wurde – nicht allein, aber doch entscheidend – durch Christen überwunden, die ihren Glauben eben nicht bloß Privatsache sein lassen wollten, sondern aus ihm öffentliches politisches Engagement ableiteten!

Revolutionen werden (eigentlich immer) von Minderheiten gemacht. Und wenn sie gelingen, werden ihre Früchte von der Mehrheit genutzt. Die errungene Demokratie – als die politische Lebensform der Freiheit – allerdings darf nicht Sache nur der Minderheit sein, sie muss von der Mehrheit getragen, also in Anspruch genommen werden. Das ist heute wieder aktuell! Deshalb dürfen gerade Christen nicht zurückfallen in das bloß Private, ins Innerliche, in das Ghetto ihrer Recht-Gläubigkeit! Das Politisch-sein-Müssen und Politisch-sein-Wollen, das wir Christen in der DDR gelernt haben, aber bis zum Aufbruch 1989/90 nur eingeschränkt, gehemmt, unfrei praktizieren konnten, das ist doch nicht erledigt, darf es jedenfalls nicht sein! Das lässt sich hoffentlich nicht abstreifen, schon gar nicht in einer freien Gesellschaft, deren Rahmen unser Grundgesetz ist. Der Staat dieses Grundgesetzes ist im Unterschied zur DDR weltanschaulich neutral, er verficht keine Religion oder Weltanschauung – auch keine säkularistische –, und deshalb ermöglicht er die Religions- und Weltanschauungsfreiheit aller und lädt die Bürger ein, aus ihren starken Überzeugungen heraus am Gemeinwohl, am Staat mitzuwirken. Diese Einladung auszuschlagen sollte für Christen undenkbar sein. Im Gegenteil, der Einsatz für Demokratie und Freiheit ist geradezu von existenzieller Bedeutung für Christen – vor allem für die, die die Erfahrung einer Diktatur gemacht haben.

Das war eine Erfahrung weniger der brutalen Verfolgung (die gab es auch), sondern mehr der Benachteiligung und der Ausgrenzung; eine Erfahrung weniger des aktiven Widerstandes (den es auch gegeben hat), sondern vielmehr des Fremdseins, der (inneren) Ablehnung und der Nicht-Kollaboration der meisten Katholiken und Protestanten mit dem SED-Regime.

Was ist aus solcherart Erfahrung noch wichtig und praktikabel für heute? Die Verhaltensweisen, die Lebenstechniken, die zum Überstehen (und zum Überwinden) einer Diktatur notwendig waren, passen wohl nicht mehr in eine offene Gesellschaft, sind nicht mehr recht brauchbar in einer Demokratie: So scheint es.

Und doch: Courage, ziviler Mut zum Widersprechen, zu selbstverantwortlichem Handeln, zum öffentlichen Engagement werden auch und gerade *in* einer Demokratie gebraucht und *für* sie!

In der DDR war die Kirche Rückzugs- und Schutzraum, systembedingter Ausweichort, aber sie war auch Ort von Freiheit in einem unfreien Land, sogar Erprobungs- und Übungsraum von Demokratie. All das muss sie nicht mehr sein. Aber könnte die Kirche ihren Dienst an der Freiheit in der Demokratie nicht so verstehen, dass sie ein Ort der Sammlung und Ermutigung, der Motivation für demokratisches Engagement, zum Leben für andere ist? Immer wieder neu! Unser Land, unsere Demokratie ist darauf angewiesen!

Kein sentimentaler Rückblick also, auch keiner im Zorn, sondern ein ermunternder Blick nach vorn. Das war und ist mir wichtig!

Deshalb ganz zum Schluss: Ich hatte anfangs an den Zirkeltag 5. Februar 2018 erinnert. Im Januar 1989 hatte SED-Chef Erich Honecker noch getönt: »Die Mauer wird noch in 50 oder 100 Jahren stehen, wenn die Gründe für ihre Existenz noch bestehen.« Acht Monate später stürmten die Ostdeutschen die Mauer, das SED-Regime brach zusammen. So ungerecht Geschichte oft genug ist, so versteinert sie immer wieder erscheint, so jähe und glückliche Wendungen gebiert sie auch. Sich darauf zu besinnen und sich den Weg der vergangenen 28 Jahre zu vergegenwärtigen, macht den Zirkeltag – trotz des noch Unfertigen und Unerledigten – zu einem glücklichen Tag.

»Gewalt beginnt, wo das Reden aufhört« (Hannah Arendt)

WINFRIED KRETSCHMANN

»Suche Frieden« lautet das Leitwort dieses Katholikentags. Dieses Motto drängt sich auf in dieser Stadt. Schließlich ist Münster die Stadt des Westfälischen Friedens. Leider hat sich vor wenigen Wochen aber auch noch auf andere und tragische Weise in dieser Stadt – nur wenige hundert Meter von hier – gezeigt, wie notwendig und bleibend aktuell die Suche nach Frieden ist. Lassen Sie uns deshalb bitte einen Moment innehalten und der Opfer der Amokfahrt vom 7. April und ihrer Angehörigen gedenken.

Nur zwischenstaatlicher Friede?

Trotz seiner religionspolitischen Beschlüsse und Wirkungen war der Westfälische Friede vor allem ein Friedensschluss zwischen König-, Fürsten- und Herzogtümern, also ein zwischenstaatlicher Friede. Und auch heute noch verbinden wir mit dem Begriff »Friede« zunächst den Frieden zwischen Staaten und Völkern.

Es ist kein Wunder, dass wir beim Frieden erst einmal an den internationalen Frieden denken. Denn unsere Welt ist voller Unfrieden: Wohin wir auch schauen, erleben wir Kriege, Bürgerkriege, Terror, Flucht … Da wirkt Europa fast schon wie eine Insel der Seligen. Denn immerhin können wir innerhalb der Europäischen Union mit großer Dankbarkeit auf nun schon über 70 Jahre Frieden zurückschauen – so lange wie in keiner anderen historischen Phase Europas. Dafür dürfen wir der EU dankbar sein!

Das ist aber nicht selbstverständlich! Die Älteren unter uns werden sich noch an den Kalten Krieg und die gegenseitige Hochrüstung erinnern. Der NATO-Doppelbeschluss Ende der 70er-Jahre war dann schließlich der Auslöser für die Friedensbewegung. Auch wenn ich persönlich kein Pazifist bin – auf der damaligen Demonstration in Bonn gegen die Atomraketen war ich als junger Mann dabei! Denn bei der atomaren Aufrüstung versagt die normale Logik der Verteidigung. Der Einsatz von Atombomben verteidigt kein Territorium, schützt keine Bevölkerung, sondern führt nur zur totalen Zerstörung unseres Planeten. Wenn überhaupt, funktioniert die Atombombe nur als Abschreckung in der verzweifelten Hoffnung, dass niemand so wahnsinnig sein wird, die Welt auszulöschen. Darauf aber sollte sich keiner verlassen.

Das ist lange her, aber wir dürfen nicht übersehen, dass auch in jüngerer Zeit der Friede hier in Europa immer wieder gefährdet ist. Erst vor ein paar Wochen war ich auf Delegationsreise auf dem Balkan. Die Gräuel und Verbrechen der 90er-Jahre in den Gebieten des ehemaligen Jugoslawien sind dort überall noch sehr präsent. Es ist gerade einmal ein paar Jahre her, dass solche schrecklichen Taten wie das Massaker von Srebrenica mitten in Europa geschehen konnten. Aber ich kann mit

»Gewalt beginnt, wo das Reden aufhört« (Hannah Arendt)

Dank und Freude sagen, dass ich bei meinem Besuch in diesen schwer gebeutelten Ländern auch viel Hoffnungsvolles gesehen habe. Es gibt dort sehr viele positive Zeugnisse von Verständigung, Versöhnung, Aufbau, einem Streben in die EU.

Friede ist aber nicht nur das kriegsfreie Verhältnis zwischen Staaten. Es gibt auch den sozialen Frieden innerhalb einer Gesellschaft, den politischen Frieden zwischen konkurrierenden Parteien und Politikern und – ja auch – den persönlichen Frieden, die innere Ausgeglichenheit und Übereinstimmung.

Als Ministerpräsident bin ich kein Außenpolitiker. Deshalb möchte ich im Folgenden meinen Blick eher auf diese Arten des Friedens lenken. Die genannten Friedensformen sind zwar ganz unterschiedlich. Aber sie haben doch etwas Verbindendes. Es geht in allen um den Respekt gegenüber dem anderen, um die Akzeptanz der Verschiedenheit, um die Bereitschaft zum Dialog.

»Gewalt beginnt, wo das Reden aufhört«

Als ich gebeten worden bin, für meinen Beitrag zur Erzählkirche eine Überschrift zu formulieren, ist mir dieses Wort eingefallen: »Gewalt beginnt, wo das Reden aufhört.« Dieses Zitat wird der Philosophin Hannah Arendt zugeschrieben. Allerdings konnte ich es in dieser Form als wörtliches Zitat bislang nirgendwo bei ihr finden. Aber auch wenn die Formulierung nicht wörtlich von ihr stammen sollte, so findet sich der dahinter stehende Gedanke doch an verschiedenen Stellen ihres Werkes.

Winfried Kretschmann

Die Auswahl mag überraschen, geht es in dem Zitat doch vordergründig gar nicht um Frieden, noch nicht einmal um sein Gegenteil, also um Unfrieden. Sondern um Gewalt und Gespräch. Und trotzdem haben dieses Zitat und das Thema »Friede« viel miteinander zu tun, wie ich im Folgenden aufzeigen möchte.

Das Reden, von dem Hannah Arendt hier spricht, meint nicht den Smalltalk, die Konversation, erst recht nicht das Geplapper oder das Palaver. Dialog ist für Arendt das zwischenmenschliche Verhalten und die Form menschlicher Begegnung, die der Verschiedenheit der Menschen einen Wert gibt.

Hierzu muss man wissen, dass die Philosophin von einer radikalen Verschiedenheit, einer völligen Unvergleichbarkeit der Menschen ausgeht. Jeder Mensch, der geboren ist, ist einzigartig und wie kein anderer vor oder nach ihm auf dieser Welt.[1] Er kann deshalb Neues denken und tun, das kein anderer vor ihm dachte und tat. Deshalb ist jeder neue Mensch ein Neubeginn der Welt. Da die Menschen verschieden sind, haben sie Differenzen. Deswegen ist diese Pluralität Grundlage der Politik. Politik heißt, diese Verschiedenheit zu organisieren. Entweder durch Zwang und Gewalt wie in Diktaturen. Oder durch freies Reden und Beschließen wie in der Demokratie.

Dialog ist für Hannah Arendt also der Respekt vor der Pluralität der Menschen und ihrer Differenz. Der Dialog realisiert diese Pluralität, dass die Menschen radikal verschieden sind und sich doch zugleich als ihresgleichen wahrnehmen.[2] Im Dialog

---

1 Hannah Arendt, Vita activa. Vom tätigen Leben, München – Berlin – Zürich ^{17}2016, 17f.
2 Hannah Arendt, Vita activa, 169.

»Gewalt beginnt, wo das Reden aufhört« (Hannah Arendt)

nehme ich den anderen in seinem völligen Anderssein ernst und anerkenne ihn doch zugleich als meinesgleichen. Wer hingegen den Dialog verweigert, verweigert die Anerkennung des anderen als Gleichen. Und da beginnt für Hannah Arendt die Gewalt. Denn Gewalt braucht keine Anerkennung, keinen Respekt. Sie verletzt den Anspruch auf eine dialogische Existenz, den Anspruch, dass der andere da ist und auch ein Recht auf Verständigung hat. Gewalt braucht keinen Dialog; sie ist stumm. Deshalb beginnt Gewalt, wo das Reden aufhört.

Und diese Feststellung lässt sich meines Erachtens auch gut auf die drei anderen Bereiche des Friedens übertragen, die ich vorhin genannt habe: auf den gesellschaftlichen, den politischen und den persönlichen Bereich, wo wir nach Frieden suchen. Denn auch da geht es jeweils um Dialog und Dialogverweigerung.

Gesellschaftlicher Friede

Da ist zunächst der gesellschaftliche Friede. Dieser Friede zielt auf den Zusammenhalt einer Gesellschaft über alle weltanschaulichen, sozialen und politischen Differenzen hinweg.

Zusammenhalt bedeutet in diesem Fall jedoch nicht den Zusammenhalt einer vermeintlich homogenen Gruppe unter Ausschluss aller anderen. Diesem Missverständnis unterliegen diejenigen, die unsere Gesellschaft und unseren Staat wie eine Familie gestalten wollen. Das verspricht Übersichtlichkeit in einer unübersichtlichen Welt. Dabei ist es aber doch bloß eine

Fiktion. Diese Tendenz hat gerade Konjunktur in Form von Nationalismus und Rechtspopulismus.

Menschen tun sich in Gruppen zusammen und definieren, wer dazugehören darf und wer nicht. Gegen die Verschiedenheit der Menschen wird ein beliebiges Kriterium eingesetzt, um Gleichheit entlang dieses Kriteriums und damit Zugehörigkeit zu suggerieren. Wer dieses Kriterium nicht mitbringt, ist draußen. Wo Zusammenhalt nur noch über Homogenität funktioniert, wächst die Gefahr, dass solche Gruppen unter sich bleiben. Und obwohl sie als vermeintlich homogene Gruppe zwar nur eine Minderheit sind, beanspruchen sie, für alle sprechen zu dürfen. Sie beginnen, in einer Filterblase zu leben, wo es nur noch »wir« gegen »die anderen« gibt. Denn auch die, die nicht dazugehören, werden dadurch in eine imaginäre Gleichheit entlang eines willkürlichen Kriteriums gezwungen: »die« Schwarzen, »die« Flüchtlinge, »die« Gutmenschen, »die« Deutschen. So endet das Reden und beginnt Gewalt, erst vielleicht nur im Denken, dann schon mal mit Worten und schlussendlich leider auch immer wieder mit Taten.

Natürlich braucht es Gemeinschaft. Denn im gemeinsamen Tun mit anderen wächst Verbindlichkeit und Zusammenhalt. Das ist die große Gefahr eines bis ins Letzte durchdeklinierten Liberalismus: seine radikale Vereinzelung der Menschen. Um das zu verhindern, braucht es Gruppen und Gemeinschaften von Menschen, die gemeinsame Ideale und Werte haben, die miteinander die Welt ein Stück besser machen wollen. Aber diese Art von Zusammenhalt ist etwas ganz anderes die vorhin genannte selbsterwählte Gruppe vermeintlich Gleicher. Denn

»Gewalt beginnt, wo das Reden aufhört« (Hannah Arendt)

Zusammenhalt hat mit Achtung, Respekt und Würde aller Menschen auf dieser Welt zu tun. Zusammenhalt schließt das Unterschiedliche, das Anderssein der anderen mit ein.

Wie aber erhalten und stärken wir den gesellschaftlichen Frieden?

Dazu braucht es zunächst Sicherheit. Die großen Umbrüche, die wir erleben – die Digitalisierung aller Lebensbereiche, die weltweite Migration, der Klimawandel, der Terrorismus, um nur ein paar Beispiele zu nennen –, bewirken bei vielen Menschen ein Gefühl der Unsicherheit und der Bedrohung. Umso wichtiger ist es, dass der Staat einen verlässlichen Rahmen schafft, in dem öffentliche Sicherheit und Bedingungen für soziale Gerechtigkeit herrschen. Die reale Erfahrung von Sicherheit und Gerechtigkeit sind wichtige Bedingungen dafür, dass die sozialen, technischen und wirtschaftlichen Veränderungen nicht zu gesellschaftlichen Verwerfungen führen.

Dafür braucht es eine friedliche Gesinnung der Bevölkerung. Eine solche gelingt aber nicht ohne das Gewaltmonopol des Staates. Denn es schützt die friedliche Gesinnung. In den USA mit ihren vielen Toten durch private Waffen erleben wir, was passiert, wenn dieses staatliche Gewaltmonopol nicht herrscht. Friedliche Gesinnung fehlt dort und an vielen Orten dieser Welt.

Dann ist aber auch wichtig, dass die Menschen spüren, dass diese Prozesse nicht über ihre Köpfe hinweg passieren. Dass sie nicht wehrlose Objekte sind. Gesellschaftlicher Friede kann nur wachsen, wo die Menschen an den Entwicklungen aktiv beteiligt werden, wo sie mitreden und mitgestalten können. Darum ist die Politik des Gehörtwerdens so wichtig: weil sie die Menschen einbindet. Es geht um Bürgerbeteiligung!

Dazu gehört auch die Integration der Schwächeren, der Benachteiligten, derer, die neu in unser Land gekommen sind. Es muss uns darum gehen, in diesen gesellschaftlichen Veränderungsprozessen alle Menschen mitzunehmen. Der offene Zugang zu Bildung und zu Arbeit – unabhängig vom sozialen Status und der persönlichen finanziellen Situation – sind deshalb wichtige Bedingungen für den sozialen Frieden. Letztlich geht es um die Realisierung von Gleichberechtigung, also darum, dass alle Menschen die gleichen Rechte und die gleichen Chancen zur gesellschaftlichen Teilhabe haben.

Politischer Friede

Das führt mich zum zweiten, zum politischen Frieden. Wenn jeder Mensch anders ist und sich von allen anderen unterscheidet, wenn die Gesellschaft also eine Gemeinschaft der Verschiedenen ist, dann geht es in der Politik darum, diese Verschiedenheit zu organisieren. Politik handelt, wie Hannah Arendt sagt, »von dem Zusammen- und Miteinander-Sein der Verschiedenen«.[3]

Im Wort »Politik« steckt die griechische »Polis«. Und der Wesenskern der griechischen Polis ist – im Unterschied zum Modell der Familie – das Miteinander der Verschiedenen, die freie Bürger sind und frei reden – damals allerdings ohne die

---

3   Hannah Arendt, Was ist Politik?, München [4]2010, 9.

»Gewalt beginnt, wo das Reden aufhört« (Hannah Arendt)

Frauen und erst recht ohne die Sklaven. Also ein Miteinander der Verschiedenen, die sich gerade aufgrund ihrer radikalen Verschiedenheit die gleiche Würde und gleiche Rechte zubilligen. Das ist das Entscheidende: Die Menschen billigen sich *gleiche* Rechte zu, gerade weil sie alle *verschieden* sind. Und nicht, weil sie alle die gleiche Hautfarbe, die gleiche Gesinnung, die gleichen Traditionen haben.

Die Pluralität des Menschen ist also die Grundlage der Politik und der Kern der Demokratie. Politischen Frieden kann es deshalb nur geben, wenn alle politischen Akteure – Politiker und Parteimitglieder – fähig und willens sind, Toleranz zu üben und Kompromisse zu schließen.

Das gilt aber auch für die Wählerinnen und Wähler und ihre Erwartungen an die Politik. Politische Maximalforderungen, Respektlosigkeit gegenüber Andersdenkenden und die politische Instrumentalisierung von Stimmungen helfen nicht weiter. Der Zweck heiligt eben nicht die Mittel. Auch das ist eine Form von Dialogverweigerung. Und diese führt letztlich nur zu verhärteten Fronten, zu verbaler und sozialer Ausgrenzung und zu politischer Handlungsunfähigkeit. Das kann man nur allzu gut dort sehen, wo Politik nur mittels Twitter gemacht wird. Da gibt es keinen Dialog, kein Zuhören und oft auch keinen Respekt.

Wie aber erhalten und stärken wir den politischen Frieden?

Zur Beantwortung dieser Frage möchte ich auf den Philosophen Immanuel Kant zurückgreifen. In seiner »Kritik der Urteilskraft« (1790) formulierte Kant drei »Maximen des gemeinen Menschenverstandes«: 1. Selbst denken; 2. An der Stelle jedes anderen denken; 3. Jederzeit mit sich selbst einstimmig denken.[4]

Übertragen auf den politischen Frieden heißt das für mich: Zunächst einmal sollen wir uns selber eine *Meinung* bilden, als Politiker wie als Wähler. Wir sollen unseren eigenen Verstand benutzen, Argumente sammeln und kritisch prüfen, Meinungen kritisch hinterfragen, Haltungen und Positionen reflektieren. *Sapere aude,* wie es in der Aufklärung hieß. Und nicht einfach nachplappern, was andere sagen. Schließlich sollten wir dann auch bereit sein, unsere Meinung zu ändern, Vor-Urteile zu revidieren, uns eines Besseren belehren zu lassen. Die erste Regel für den politischen Frieden ist also, wahrhaftig zu sein.

Die zweite Regel heißt: empathisch sein, sich in die Situation des anderen, des Gesprächspartners, des politischen Gegners hineinversetzen. Es geht also darum, den anderen und seine Beweggründe und Argumente anzuhören und diese für mein politisches Urteil mitzudenken. Es geht um Verständnis. Also in der Meinung des anderen zu erkennen, was in ihr als Welterkenntnis erscheint, nämlich eine andere Auffassung von Wirklichkeit. Das spiegelt sich wider im Dialog und in der Dialektik.

Es geht aber auch um Verständlichkeit. Als Politiker soll man weder in eine übertriebene sprachliche *political correctness* verfallen noch eine radikalisierte Sprache verwenden. Vielmehr muss ich so reden, dass die Leute mich verstehen können. Das

---

[4] Immanuel Kant, Kritik der Urteilskraft (1790), Kap. 50 § 40, in: http://gutenberg.spiegel.de/buch/kritik-der-urteilskraft-3507/50 (Zugriff am 2.5.2018).

»Gewalt beginnt, wo das Reden aufhört« (Hannah Arendt)

gilt für meine Ausdrucksweise, für die Begriffe, die ich verwende. Aber auch für meine Gründe, die ich offenlegen muss.

Und die dritte Regel für den politischen Frieden heißt schließlich: Haltung haben und Haltung bewahren. Es geht darum, als Politiker feste Grundüberzeugungen zu haben, sich im politischen Handeln daran zu orientieren und sie nicht der nächsten Stimmung oder dem nächsten politischen Vorteil zu opfern. Das hat nichts mit Sturheit oder Unbelehrbarkeit zu tun. Sondern mit Treue zu den eigenen Grundüberzeugungen, mit Verlässlichkeit und mit politischem Anstand.

Persönlicher, innerer Friede

Damit komme ich zum dritten Aspekt, dem persönlichen und inneren Frieden. In ihrer Vorlesung zu Sokrates, die in einem kleinen Büchlein veröffentlicht wurde, machte Hannah Arendt hierzu auf einen interessanten Gedanken des griechischen Philosophen aufmerksam.[5] Der Mensch sei zwar eine einzige Person, könne aber mit sich selbst reden, als ob er zwei Personen wäre. Denn Denken sei letztlich der innere Dialog eines Menschen mit sich selbst. Der Mensch sei deshalb eine gespaltene Einheit und trete erst im Dialog mit anderen Menschen als Einheit, als eine Person in Erscheinung. Insofern lebe jeder Mensch schon für sich im Zustand der Pluralität und müsse ein Leben lang mit sich selbst zurechtkommen. Deswegen kann Sokrates

---

5 Hannah Arendt, Sokrates. Apologie der Pluralität, Berlin ²2016, 56ff.

sagen, dass man – selbst wenn man unbeobachtet wäre – schon allein deshalb keinen anderen Menschen töten sollte, weil man unmöglich wollen könne, den Rest des Lebens mit einem Mörder zusammenleben zu müssen.

Auch wenn er es nicht so nennt – letztlich spricht Sokrates hier vom menschlichen Gewissen. Das ist eine sehr radikale Begründung für den Frieden. Denn der Friede ist nicht nur ein äußerlicher Zustand, sondern er beginnt in mir. Ja, der äußere Friede kann überhaupt nur werden, wenn er aus einem inneren Frieden erwächst. An das muss ich jedes Jahr aufs Neue denken, wenn mir in der Vorweihnachtszeit von Pfadfindern das Friedenslicht aus Bethlehem überreicht wird. Von außen betrachtet, mag es für den Frieden der Völker sehr wenig sein, wenn Menschen einander ein Licht weiterreichen. Aber bei der SED hatte es damals auch keiner auf dem Schirm, dass die Kerzen friedlicher Demonstranten die Mauer zum Einsturz bringen könnten. Das Friedenslicht ist ein Zeichen, dass der große Friede im Kleinen beginnt, dass der innere Friede Voraussetzung ist für den äußeren Frieden zwischen den Menschen. So, wie es Angelus Silesius formuliert hat: »Und wäre Christus tausendmal in Bethlehem geboren und nicht in dir: Du bliebest doch in alle Ewigkeit verloren.«[6]

Persönliches Machtstreben, Profitgier, Geltungsdrang bringen uns ins Ungleichgewicht, entfremden uns nicht nur von unserer Familie und den Mitmenschen, sondern von uns selbst. Wo ich so denke und handle, verweigere ich nicht nur den Dialog

---

6 Zitiert nach: https://www.aphorismen.de/zitat/153716 (Zugriff am 10.5.2018).

»Gewalt beginnt, wo das Reden aufhört« (Hannah Arendt)

mit meinem sozialen Umfeld, sondern eben auch mit meinem eigenen Gewissen. Die Frage muss deshalb lauten: Bin ich mit mir im Reinen? Ist mein Reden und Tun auch gegenüber mir selber stimmig? Anders gesagt: Kann ich in den Spiegel schauen?

Wie aber können wir den persönlichen Frieden erhalten und stärken? Drei Dinge sind da für mich persönlich wichtig.

Zunächst einmal sollte man sich selber nicht so wichtig nehmen. Die Welt dreht sich auch ohne mich. Etwas eigene Selbstbescheidung und Demut tun mir gut – und auch den Menschen um mich herum.

Denn sie bewirken – und das bringt mich zum zweiten Aspekt – Gelassenheit. Wo ich nicht mehr überall selber Dreh- und Angelpunkt sein muss, kann ich auch entspannter einen Schritt zurücktreten und andere machen lassen. Das gilt auch für uns Politiker. Denn weil wir es gewohnt sind, immer vorn zu stehen, kommt auch schnell die Hybris auf, dass ohne uns gar nichts gehe.

Neben Demut und Gelassenheit braucht es aber auch noch ein Drittes: Vertrauen. Denn wenn ich loslasse, mich zurücknehme, brauche ich auch das Vertrauen in andere. Dass sie es hinbekommen, dass sie es auch gut können, dass es gut werden wird.

Uns als Christen kann unser Glaube bei dieser Übung für mehr Demut, Gelassenheit und Vertrauen eine wichtige Stütze sein. Denn als Christen wissen wir, dass wir der Erlösung bedürfen. Und zugleich haben wir die Zusage Gottes, dass er unser Heil will und bewirkt. Erlösungsbedürftigkeit und Heilszusage – anders gesagt: Kreuz und Auferstehung – können in mir die Gewissheit wecken, dass es in meiner begrenzten Lebenszeit und mit meinen begrenzten Möglichkeiten im Letzten nicht auf mich und meine Leistung ankommt. Nein, als Christen dürfen wir vielmehr glauben: »Gott wird es schon richten.« Das meint, dass aus all den kleinen Schritten – und mehr können wir ja gar nicht tun –, dass aus allem Fragmentarischen und Unfertigen sich etwas zusammenfügt, was wir gar nicht erwarten konnten, wie etwa den Fall der Mauer.

Das ist auch für mich als jemand, der in der Politik Verantwortung trägt, eine große innere Entlastung. Denn in meinem persönlichen Glauben geht es zwar um die eigene Gesinnung, um den guten Willen. In meinem politischen Handeln aber kommt es auf die Wirkung, auf das Ergebnis an, auf die gute Tat. Mich als Politiker muss eine Verantwortungs- und Folgenethik leiten. Denn da fragt keiner, ob ich es gut gemeint habe, sondern nur, ob etwas Rechtes daraus geworden ist. Diese mögliche Differenz zwischen meiner politischen und meiner persönlichen Verantwortung kann belastend sein. Aber als Christ in der Politik weiß ich, dass ich vielleicht vor den Wählern scheitern kann, doch niemals vor Gott und meinen Lieben. Und das befreit.

Schluss

Ich darf zum Schluss kommen. »Gewalt beginnt, wo das Reden aufhört.« So lautet das Thema, das ich mir für heute gestellt hatte. Es ging mir dabei um einen Dreischritt: 1. Reden als Dialog; 2. Dialog als Wertschätzung des anderen; 3. Wertschätzung

»Gewalt beginnt, wo das Reden aufhört« (Hannah Arendt)

als Bedingung des Friedens – eines Friedens mit mir selber, in der Politik, in der ganzen Gesellschaft, ja auf der ganzen Welt.

Und vielleicht konnte ich deutlich machen: Friede geschieht nicht da, wo alle einer Meinung sind; nicht da, wo nur Gleichgesinnte unter sich bleiben; nicht da, wo Differenzen unterdrückt oder verdrängt werden. Nein, Friede geschieht da, wo ich das Anderssein, das Andersdenken der anderen als Tatsache begreife, weil es die Menschheit nur im Plural gibt. Friede geschieht da, wo wir diese Differenzen erörtern in den verschiedensten Formen des Gesprächs bis hin zum Streit. Zivilisierter Streit hält die Gesellschaft zusammen, unzivilisierter treibt sie auseinander.

Lassen Sie uns solchen Frieden suchen, jede und jeder an ihrem und seinem Ort.

Wege zur Freiheit

Rebecca Harms

Vielen Dank für die Einladung in die Erzählkirche. Diese Einladung wurde für mich ein Anlass, über meinen politischen Weg nachzudenken. Und ich möchte hier in Münster ein paar Gedanken zu meinem politischen Weg in Deutschland und in der Europäischen Union teilen.

Der Ausgangspunkt liegt in meiner Heimat, dem nordöstlichsten Zipfel Niedersachsens. Geboren wurde ich in einem kleinen Dorf bei Uelzen. Heute lebe ich 25 Kilometer östlich davon in einem noch kleineren Dorf im Landkreis Lüchow-Dannenberg. So viel und so weit ich auch in der Welt herumgekommen bin, insbesondere seit ich 2004 ins Europäische Parlament gewählt wurde, so tief bin ich doch in dieser Gegend zwischen Elbe und Drawehn verwurzelt. Der Wert dieser Verwurzelung ist schwer zu beschreiben. Aber eine Heimat zu haben, die auch und sogar politische Heimat ist, wo man immer willkommen ist, selbst wenn es politische Uneinigkeit gibt, ist in meinem Fall Voraussetzung für streitbare und auf Freiheit zielende Politik.

Es gibt zwei Schlüsseljahre in denen politische Entscheidungen und Ereignisse nicht nur für mich, sondern für meine Heimat große Veränderungen bedeuteten. Über beide möchte ich unter der Überschrift »Wege zur Freiheit« erzählen.

Im Februar 1977 entschied Ministerpräsident Ernst Albrecht, den Wald zwischen Gorleben, Gartow und Trebel zum Standort für das Nukleare Entsorgungszentrum zu machen. Im östlichsten Zipfel der alten Bundesrepublik, nur wenige Kilometer entfernt vom Eisernen Vorhang, der Deutschland teilte, im Zonenrandgebiet, sollten alle hochriskanten Prozesse zur Aufarbeitung, Behandlung und Verpackung, zur Zwischen- und Endlagerung von Atommüll konzentriert werden. Ein gigantisches Projekt der Atomindustrie traf auf die Bürger einer Region, an denen das Wirtschaftswunder und der Aufschwung der Bundesrepublik vorbeigegangen waren. Ich will hier nicht noch einmal die ganze Geschichte der Anti-Atom-Bewegung erzählen. Ich bin froh, dass Deutschland zwar noch nicht nach Tschernobyl, aber dann nach Fukushima im großen Konsens den Ausstieg beschlossen hat. Ich bin auch froh, dass wir die Weichen für eine ernsthafte und wirklich vergleichende Suche nach einem geeigneten Endlager für Atommüll neu gestellt haben, auch wenn ich fürchte, dass darüber noch weiter gestritten werden muss. Die Aufgabe, über einen Endlagerstandort zu entscheiden und ein unterirdisches Endlager zu planen und in Betrieb zu nehmen, wird, anders als es oft beteuert wird, der nächsten Generation übergeben. Trotzdem ist die Verwirklichung des Atomausstiegs und der damit einhergehende Beginn einer nachhaltigen Energiewirtschaft ein großartiger Erfolg der Anti-Atom-Bewegung und der deutschen Gesellschaft.

Ich bin heute stolz darauf, dass die Bürgerinitiative, die ich 1977 mitgegründet habe und deren Vorsitzende ich immer wieder war, die Grundlagen für diese gesellschaftliche Verständigung mitgeschaffen hat. Beste Beispiele dafür, wie Bürgerinitiativen zu einem neuen demokratischen Aufbruch, zum Aufbruch in die Bürgergesellschaft geführt haben, sind die badisch-elsässischen Initiativen und die Bürgerinitiative Lüchow-Dannenberg. Die Leute, die sich ab Mitte der 70er-Jahre über politische Gräben hinweg organisierten und auf die in meiner Heimat die Beschreibung »Bürger, Bauer, Edelmann« passte, haben erreicht, dass die Bürger mit ihren Anliegen heute ernster genommen werden.

In der *Zeit* schrieb Bernd Ulrich, so wie ich es erinnere, nach dem Tod von Helmut Kohl, nicht die Staatsmänner und SpitzenpolitikerInnen seien früher größer gewesen. Ihr Abstand aber zum Bürger und zur Bürgerin sei früher größer gewesen. Wenn ich an die 70er, unseren Aufbruch gegen Atomkraft unter den Bedingungen der Baader-Meinhof-Verfolgung und der »Bleiernen Zeit« zurückdenke, dann kann ich das als inzwischen oft gewählte Politikerin bestätigen: Die BürgerInnen sind heute größer. Die Bürgergesellschaft, auf die sich auch der erfolgreichste grüne Politiker und mein Freund Winfried Kretschmann bezieht, ist – so wie auch ein gutes Stück unsere gemeinsame Partei *Die Grünen* – ein Ergebnis oder Folge der sozialen Bewegungen der 70er- und 80er-Jahre. Es wird wichtig sein, die Diskurs- und Konsensfähigkeit, die wir zum Beispiel auf dem langen Weg zum deutschen Atomausstieg erlernt haben, auch bei anderen großen gesellschaftlichen Streitthemen nicht zur Seite zu wischen. Mit streitbaren BürgerInnen werden Herausforderungen wie wirksamer Klimaschutz, Übernahme von Verantwortung angesichts globaler Flucht oder die tiefere Integration der EU im Konsens getroffen werden müssen.

Wege zur Freiheit

Demokratische Systeme verändern sich. Das heute oft bewusstere Verhältnis zwischen PolitikerInnen und BürgerInnen ist eine Veränderung, die Demokratie nicht einfacher, aber dauerhafter macht. Und über 40 Jahre nach der Gründung der Bürgerinitiative gegen Gorleben freue ich mich, dass wir aus dem Wendland wesentlich dazu beigetragen haben – neben all den Leistungen für den Atomausstieg.

1989 war das zweite Jahr, das für meine Wege entscheidend wurde. Der Fall des Eisernen Vorhangs war für uns im Zonenrandgebiet auf den beiden Seiten des Zauns nicht weniger spektakulär als der Fall der Mauer in Berlin, auch wenn es aus der Ferne nur wie eine Wiederholung Berliner Ereignisse wahrgenommen wurde.

Für viele im Westen war es so wie für mich. Wir waren, wenn wir nicht Familie »hinterm Zaun« hatten, mit der Grenze aufgewachsen. Wenn nicht von Zeit zu Zeit Minen explodiert oder Schüsse gefallen wären, wäre der Zaun fast so natürlich wie der Grenzfluss Elbe gewesen. Wir fuhren mit unseren Schulklassen zum »Rübergucken« in das geteilte Dorf Zicherie oder mit dem Dampfer in Hitzacker auf der Elbe. Aber ich gehörte auch zu denen, die nie darüber nachdachten, was wäre, wenn der Zaun fallen würde. Als er dann von Osten her eingerissen wurde, fühlte ich mich als eine Gewinnerin. Die Heimat war größer und eine unbekannte Welt im Osten stand plötzlich offen. Meine Neugier auf »den Osten« war groß, und in den Jahren nach der Wiedervereinigung reiste ich nicht mehr nach Süden, sondern nach Osten.

Rebecca Harms

Meine Neugier fiel nicht vom Himmel über der Elbe. Ich war 1988 überraschend mit einer Gruppe deutscher Umweltaktivisten vom sowjetischen Pen-Club eingeladen worden, zu Brennpunkten von Umweltkatastrophen in der UdSSR zu reisen. Ich wurde gebeten, das Sperrgebiet von Tschernobyl zu bereisen und über meine Eindrücke und Urteile anschließend in öffentlichen Veranstaltungen in Kiew und in Moskau zu reden. Als die Mauer fiel, hatte ich also schon einen guten Vorgeschmack aus der Sowjetunion mit Gorbatschow, Glasnost und Perestroika. Die beiden Schriftsteller, die mich durch die Zone von Tschernobyl führten, gehörten zu Kiewer Dissidenten. Ich habe von ihnen bei meinem Besuch nicht nur viel Neues, Verstörendes und Aufrüttelndes über die »Zone des Ausschlusses« und die Folgen des Super-GAUs von Tschernobyl gehört. Ich habe während der vielen Begegnungen in knapp zwei Wochen im Jahr 1988 in Kiew und Moskau auch viel Spannendes zunächst mal sehen, aber noch nicht verstehen können über die Freiheits- und Unabhängigkeitsbewegungen in der Sowjetunion. 1989, als der Eiserne Vorhang zwischen Bergen an der Dumme und Salzwedel aufgeschnitten wurde, sah ich die Ereignisse mit der Brille meiner neuen Freunde aus Kiew und Moskau. Ich freute mich über den Gewinn an Freiheit in Deutschland. Ich fühlte aber auch, dass das nicht das Ende der Veränderungen in Europa sein konnte.

Ich war schon zehn Jahre für die niedersächsischen Grünen im Landtag, als wir wieder in die Opposition gewählt wurden. 2003 musste ich entscheiden, ob ich zurück in den Beruf oder weiter im Parlament arbeiten wollte, und wenn ja, in welchem. Dank der Großzügigkeit der Grünen hatte ich die freie Wahl zwischen Bundestags- und Europaliste. Ich entschied mich für das Europäische Parlament aus zwei Gründen. Einerseits war ich immer noch aus vollem Herzen Umweltpolitikerin und sah, dass alle wesentlichen Entscheidungen zum Schutz von Natur, Umwelt und Klima in Brüssel getroffen wurden. Noch mehr drängte mich die Chance nach Brüssel, ab 2004, nach dem Beitritt der zentral- und südosteuropäischen Staaten, die größere EU mitzugestalten. Brüssel war für mich deshalb verlockender als Berlin.

Mir dämmerte allein schon durch das Erleben der Wiedervereinigung in Deutschland und in meinem heimatlichen Zonenrandgebiet, dass die Überwindung dessen, was die sowjetische Politik mit den Menschen angerichtet hatte, nicht einfach sein würde. Ich ahnte, dass der Weg in die Europäische Union, der Weg nach Westen und in die Freiheit kein einfacher sein würde und dass auch der Westen das nicht einfacher machen würde. Die europäische Verfassung, die der größeren EU mehr Stabilität geben und die gemeinsamen Werte besser verankern sollte, ist dann ja auch im Westen, in Frankreich und den Niederlanden, und nicht in Polen oder Ungarn gescheitert. Ein Grund war das Misstrauen, das im Westen zum Beitritt des Ostens herrschte.

In den heutigen Auseinandersetzungen zwischen Brüssel und Warschau empfehle ich gerade den Deutschen: Werdet nicht überheblich. Der jungen Bundesrepublik Deutschland wurde der Weg in die Europäische Gemeinschaft und die Internationale Gemeinschaft – verglichen mit den Anforderungen an die jüngsten Mitglieder der EU – geschenkt, und das schon bald, nachdem Deutschland von den Alliierten vom Nationalsozialismus befreit worden war. Viel Geld, viel gute Beratung und viel Beistand – und nicht nur Eigeninitiative – haben die Bundesrepublik möglich gemacht. Und so frei, weltoffen und demokratisch gesinnt, wie wir es heute von uns sagen, waren wir als Nation zum Zeitpunkt der Gründung der EWG bestimmt nicht. So waren wir auch nicht, als ich die Bürgerinitiative Lüchow-Dannenberg gründete und als Aktivistin der Anti-Atom-Bewegung immer zu hören bekam: »Geh doch rüber!« Gemeint war die DDR, wo nach Meinung vieler Bundesdeutscher die bessere Heimat für all die war, die bei uns in den 70ern für ihre Meinung auf die Straße gingen.

In der heutigen Auseinandersetzung um die Grundlagen des liberalen Rechtsstaates müssen in der EU gleiche Maßstäbe gelten. Dass der Anlauf für eine europäische Verfassung gescheitert ist, darf nicht mit dem Vertrag von Lissabon als letztem Wort beantwortet werden. Eine Verständigung und Vergewisserung in der EU, in allen ihren Mitgliedstaaten, über die Grundlagen liberaler demokratischer Staaten und der Rechtsstaatlichkeit steht an. Wahlergebnisse auch in Italien und Österreich oder auch in Deutschland zeigen, dass die Herausforderungen an demokratische Systeme nicht nur in Polen oder Ungarn wachsen. Für mich ist es heute in Sachen Freiheit vorrangig, Grundlagen des demokratischen liberalen Rechtsstaates wie Gewaltenteilung, Unabhängigkeit der Institutionen, insbesondere der Justiz, Pressefreiheit und Pluralismus in der EU verbindlich zu verankern. Dabei ist der Weg innerhalb der Europäischen Union wohl zuerst Verständigung und nicht Durchsetzung. Wer die Brüche zwischen Ost und West und auch Nord und Süd sieht, wird verstehen warum der große Verhandlungstisch in Brüssel heute mehr denn je die richtige Methode ist. Es sei denn, man wollte Stabilität durch Schrumpfung der EU erreichen.

Meine Erfahrungen in der Ukraine gehören zu den besten und den härtesten meines politischen Weges. Und nichts, was ich so eng begleitet habe, hat so viel und so direkt mit dem Wunsch nach Freiheit und Recht zu tun. Als ich 1988 die Zone von Tschernobyl bereiste, war die Ukraine noch Teil der Sowjetunion. Ich kenne das Land und viele seiner Menschen länger, als es unabhängig ist. Es ist *das* Land unter unseren östlichen Nachbarn, in dem ich die Kämpfe und Anstrengungen, in denen sich die Bürger aus den Schatten und den Prägungen der Sowjetunion herausarbeiten, besser und länger verfolgt habe als in jedem anderen Land. Mehr und mehr begleite ich auch Freunde und KollegInnen dabei.

Immer wieder höre ich, dass ich mich in den letzten Jahren verändert hätte. Das stimmt. Die Erfahrungen auf dem Maidan im Winter 2013/14 und in dem Krieg, den Putin danach gegen die Ukraine begonnen hat, haben mich verändert. Ich war in Deutschland bekannt geworden als eine der Anführerinnen des gewaltfreien Protests gegen Gorleben und großer Aktionen des zivilen Ungehorsams wie der Republik Freies Wendland. Im Winter 2013 hat es mich tief berührt, wie die Ukrainer den Maidan zu einem riesigen Protestcamp für die EU, den Westen und die Freiheit machten. Ich konnte die Verzweiflung über Putins erfolgreichen Druck auf den damaligen Präsidenten Janukowitsch verstehen. Als der Präsident die Unterschrift unter das Assoziierungsabkommen mit der EU verweigerte, stand das für meine Freunde gleichbedeutend mit einer Rückkehr der Ukraine unter den autoritären und kolonialen Schirm des Kreml. Alle Wünsche nach Rechtsstaatlichkeit und dem Leben in einem normalen Land schienen verbaut.

Bis heute verstehe ich nicht wirklich, warum dieser Wunsch nach einem Weg in die Freiheit nicht von viel mehr Bürgern in der EU herzlicher unterstützt wurde und wird. Hätte es eine solche Protestaktion wie den Euromaidan unter ähnlichen Bedingungen in Athen oder Madrid gegeben: Ich bin mir sicher, dass sich Künstler und Aktivisten aus aller Welt in großer Zahl dorthin auf den Weg gemacht hätten. Inzwischen gewinnen ukrainische Künstler einen Preis nach dem anderen im Westen. Die Schönheit und die Worte ihrer Lieder aber, mit denen sie im Winter 2013/14 ein autoritäres Regime wegsingen wollten, wurden von den meisten Westeuropäern nicht erkannt, als es darauf ankam. Ich war erschüttert über die Gewalt und Eskalationsbereitschaft des Viktor Janukowitsch gegen die seit langem größte und konsequenteste gewaltfreie Aktion im Zentrum eines europäischen Landes. Es folgten Journalistenentführungen und Morde, auch mit aktiver Hilfe aus Moskau. Es folgten Schüsse auf den Maidan mit mehr als hundert Toten. Es folgten die Besetzung der Krim und der Krieg gegen die Ukraine im Donbas. Zwei Millionen Menschen wurden zu Flüchtlingen. Mehr als

10.000 Zivilisten und Soldaten kamen um in diesem Krieg, der sich gegen den Willen und den Wunsch nach Freiheit richtet. Ganze Landstriche sind verwüstet.

Putins Krieg gegen die Ukraine und ihren Weg in Freiheit und Rechtsstaatlichkeit beschäftigt mich in den letzten Jahren immer wieder. Ich habe Schlachtfelder und Kriegslazarette besucht. Ich habe Kriegsverletzte und ihre Familien getröstet. Ich habe die Bunker gesehen, in denen Familien seit fünf Jahren jeden Beschuss verbringen, bin Schulwege abgegangen, auf denen die Kinder wissen, wo sie sich verstecken müssen vor Scharfschützen und wo neben den Wegen die Minen lauern. Und es stimmt. Diese Erfahrungen verändern mich. Es wäre schlimm, wenn es anders wäre.

Als ich mich 2004 auf den Weg nach Brüssel machte, waren mir manche Herausforderungen klar. Nicht erwartet hätte ich, dass wir in Europa hundert Jahre nach dem Ersten Weltkrieg wieder Panzerschlachten erleben würden, wie sie Erich Maria Remarque in »Im Westen nichts Neues« beschreibt. Die Ambivalenz heute in Westeuropa, in Teilen der politischen und wirtschaftlichen Eliten, gegenüber den Ukrainern und gegenüber Russlands Rückkehr zu einer aggressiven und imperialen Politik macht einen Teil der Stärke Putins aus. Die Europäische Union hat im Verlauf der Eskalation gegen die Ukraine einige richtige Entscheidungen getroffen. Das Assoziierungsabkommen mit der Ukraine wurde ratifiziert und ist inzwischen in der Umsetzung. Der Reformprozess, der damit einhergeht, ist ehrgeizig und fordert von der Ukraine sehr viel. Die vieldiskutierte Bekämpfung der Korruption ist nur ein Ausschnitt der Schritte, mit denen sich das Land von der sowjetischen Vergangenheit und aus der Oligarchenherrschaft löst.

Es sind die Rechtsstaatsreformen, mit denen die Ukrainer am Ende Putin bezwingen werden. Sie brauchen allerdings mehr Bereitschaft der EU und des Westens, Druck auf Putin auszuüben, damit der Krieg gegen die Ukraine endet, damit es nach beinahe fünf Jahren endlich mal einen Waffenstillstand gibt. Die Entscheidung, keine militärische Lösung zu suchen, sondern auf Sanktionen gegen Russland und auf Diplomatie zu setzen, war richtig. Aber sie muss konsequenter verfolgt werden. Der Weg, den die Ukraine und die EU gemeinsam gehen, muss erfolgreich sein. Er ist nicht nur entscheidend gegen die Rekolonialisierung der Länder, die ehemals zum großen Reich Moskaus gehört haben. Er ist entscheidend für Sicherheit auf dem europäischen Kontinent und damit auch für unser aller Freiheit. Mit Wladimir Putin wird viel und oft geredet. Dialog kann es nie genug geben. Suche nach Frieden auch nicht. Die EU und ihre Mitgliedstaaten dürfen eines nicht tun: Sie dürfen keine Kompromisse machen, wenn das internationale Recht wie auf der Krim oder im Donbas vom Kreml gebrochen wird.

Ich halte die Europäische Union weiter für stark genug, die Herausforderung zu meistern, die von Russland für die Sicherheit und damit auch für die Freiheit auf dem Kontinent ausgeht. Ich halte uns auch für stark genug, die anderen großen Herausforderungen zu meistern vor denen wir stehen. Auch wenn die Wege in der Europäischen Union nicht immer meisterhaft wirken. Der Kompromiss am großen Tisch, an dem sich die Staats- und Regierungschefs treffen, genauso wie der Kompromiss im

Europäischen Parlament, in dem Fraktionen oft durcheinandergewürfelt werden, ist Fundament der EU. Der Kompromiss ist Fundament gerade der großen EU mit 28 Mitgliedstaaten. Ich zähle Großbritannien mit, da ich nie etwas vom Brexit gehalten habe und auch nicht überzeugt bin, dass die Briten gehen. Auch wenn ich weiß, wie wir einiges besser machen können, würde ich die EU auch verteidigen, wenn sie bliebe, wie sie ist.

Es macht mich froh, dass meine Heimat heute mitten in Deutschland und mitten in der Europäischen Union liegt. Ich bin froh, dass mein Weg mich aus dem Zonenrandgebiet in die Hauptstadt der Europäischen Union geführt hat und dass ich Osteuropa vielleicht ein bisschen zurückgeben oder weitergeben kann von dem, was den Deutschen mit der Europäischen Integration an Vertrauen und Unterstützung auf dem Weg in die Freiheit und Demokratie gegeben wurde. Was mich mit dem Vorredner hier in der Erzählkirche [Winfried Kretschmann] verbindet, sind Ideen von Hannah Arendt: Politik ist angewandte Liebe zur Welt. Das Ziel von Politik ist Freiheit.

Juden und Christen – mein Lebensweg

Daniel Noa

Wenn ich Ihnen meinen Lebensweg erzählen soll, muss ich weit in die Vergangenheit gehen, in eine Zeit, wo ich noch lange nicht geboren war. Ich muss Ihnen erzählen, wo ich herkomme und wo meine Wurzeln sind. Denn sonst verstehen Sie meinen Lebensweg nicht. Dabei bekommen Sie auch ein gutes Stück deutsche Geschichte mit, ganz subjektiv und doch möglichst tatsachengerecht. Denn meine Familie hat einfach nur das gelebt, was ihr die Geschichte zugewiesen hat – wie viele andere auch. Und sie hat versucht, diese Geschichte von Krieg, Zerstörung, Vernichtung und viel Angst mit Sinn zu füllen, Frieden zu finden und Frieden zu schaffen.

Meinen Großvater Dr. Kurt Noa, geboren als Selly Noah (mit h!), habe ich nicht mehr erlebt; er starb 1938 im Exil in Luxemburg. Warum Exil? Mein Großvater war doch Deutscher, er war Zahnarzt und sogar ein erfolgreicher und guter Zahnarzt, aber er war Jude. Er lebte vor dem Ersten Weltkrieg in der Ungererstraße in München zusammen mit seiner Frau Felicitas und seinen Söhnen Werner und Peter. Peter wurde mein Vater. Als mein Vater neun Jahre alt war, der Erste Weltkrieg war gerade vorbei, da nahm sich seine Mutter in der Neujahrsnacht das Leben. An sie erinnert eine abgebrochene Säule auf dem jüdischen Friedhof in München. Für meinen Vater, der 88 Jahre alt wurde, war die Neujahrsnacht fortan nur noch traurig. Mein Großvater heiratete erneut, die Stiefmutter bekam noch einen Sohn.

Mein jüdischer Großvater war nicht nur Deutscher, er war Patriot, wie mein Vater auch, der dieses Land nicht aufhörte zu lieben – anders als sein Bruder Werner, der nach Auschwitz das Land verließ. Aber davon später. Mein Großvater war Offizier im Ersten Weltkrieg. Er war stolz auf den Schmiss im Gesicht, den er als Mitglied einer schlagenden Verbindung beim Duell bekommen hatte. Zwischenzeitlich nach Berlin verzogen und dort als erfolgreicher Zahnarzt tätig, standen mein Großvater und mein Onkel Werner, der Jurastudium und Referendariat erfolgreich hinter sich gebracht hatte, rauchend auf dem Balkon der Familienwohnung in der Pommerschen Straße in Berlin und sahen den gewaltigen Aufmärschen der Nazis zu, abfällig und großbürgerlich lachend in der festen und leider irrigen Meinung, das alles sei eine nur vorübergehende Erscheinung. Mit zwölf Jahren Schreckensherrschaft haben die beiden nicht gerechnet, auch wenn das, was Hitler vorhatte, in keiner Weise verheimlicht wurde. Wiederholen sich da nicht die Ereignisse, wenn wir an die rechten Gruppierungen von heute denken, die längst in den Parlamenten zu Hause sind?

Mein Vater war damals das schwarze Schaf in der Familie, weil er sich als Sozialist im Kampf gegen die Nazis die Finger schmutzig machte. Er war Sozialist und gleichzeitig tief gläubig; ich glaube, das geht gut zusammen. Der Bezug zur Synagoge war locker, das gehobene jüdische Bürgertum war mitten in der

Gesellschaft angekommen, Religion war eher Privatsache. Auf der anderen Seite gab es selbstbewusste jüdische Religiosität mit prachtvollen Synagogen, ausgestattet mit Orgeln wie eine christliche Kirche. Und es gab ultraorthodoxe Juden mit Kaftan und Schläfenlocken und bettelarm – vor allem aus Osteuropa auf der Flucht vor Pogromen und hier gemieden und verachtet von den bürgerlichen Glaubensgenossen, die sich eher tarnten, auch um dem Antisemitismus von Gesellschaft und Kirche ausweichen zu können. So hatte mein Großvater aus Selly Kurt gemacht und das »h« aus dem Namen gestrichen; ein befreundeter evangelischer Pfarrer stellte Papiere für ihn und die Söhne aus, nach denen sie evangelische Christen waren. Auch heute kann ein Jude mit Kippa nicht auf die Straße gehen, wiederholen sich da nicht die Situationen?

Leider behielten nicht mein Großvater und mein Onkel Werner recht, dass der Spuk bald vorbei sei, sondern es erfüllten sich die Befürchtungen meines Vaters – und mehr als diese!

Die Situation für die Juden in Deutschland wurde immer gefährlicher, die Diskriminierungen nahmen auf unerträgliche Weise zu. Als Kind wurde mein Vater auf dem Schulhof von Mitschülern beleidigt und verprügelt, weil er Jude war. Jetzt schlug die Staatsmacht zu, das war anders. Mein Vater konnte zwar noch sein Jurastudium in Berlin beenden, an eine entsprechende Berufstätigkeit oder nur an ein Referendariat war aber nicht mehr zu denken. So folgte er seinem Vater in die Emigration in das damals noch nicht besetzte Luxemburg.

Dieser, mein Großvater, hatte in der Zeit nach der Machtergreifung seine Zahnarztpraxis von Berlin an die deutschluxemburgische Grenze nach Echternacherbrück verlegt, nah am Ausland und – wie er meinte – ganz diskret und unauffällig. Aber weit gefehlt oder die Rechnung ohne den Wirt gemacht: Die Leitung der evangelischen Gemeinde in Bitburg, zu der Echternacherbrück gehörte, schloss meinen Großvater und meinen Vater aus der Kirche aus, in vorauseilendem Gehorsam gegenüber der Partei. Nun war es endgültig zu gefährlich in Deutschland und mein Großvater emigrierte nach Luxemburg, wo er 1938 an Krebs verstarb.

Bemerkenswert ist übrigens, wie die kleine evangelische Gemeinde diesen Schandfleck in ihrer Geschichte aufgearbeitet hat, wenn auch erst in den letzten Jahren, sodass deren Entschuldigung meinen Vater nicht mehr erreichen konnte. Einer der Presbyter der Gemeinde, ein einfacher Zollbeamter, hat nicht lockergelassen, obwohl oder gerade weil der damalige Pfarrer, der seinen Dienst bis in die 60er-Jahre verrichten durfte, alle einschlägigen Akten und Kirchenbücher vernichtet hatte.

Onkel Werner war zwischenzeitlich mit seiner Frau nach Holland emigriert; der Schwager seiner Frau hatte die Mittel für die Emigration in die USA und die Einreisepapiere bereitgestellt und beide befanden sich schon auf einem amerikanischen Schiff in Rotterdam. Das konnte wegen des deutschen Luftangriffs auf die Stadt am 14. Mai 1940, bei dem allein 800 Zivilisten getötet wurden, nicht auslaufen. Die Passagiere mussten das Schiff verlassen, das Schiff fuhr ohne sie weg. Onkel Werner und seine Frau wurden nach Auschwitz deportiert; sie endete im Gas, Onkel Werner konnte sich vor den berüchtigten Todesmärschen totstellen und wurde 1945 befreit. Er ging dann in die USA, wo er nochmal studierte und ein erfolgreicher Anwalt in New York wurde. Schon als kleiner Junge hatte ich aber bei seinen Besuchen immer die eintätowierte Nummer am Unterarm gesehen. Und er kam beinahe jedes Jahr, der reiche Onkel aus Amerika, der seine Heimat nie vergessen konnte, auch wenn sie ihn beinahe vernichtet hätte. Er wusste besser über die deutsche Bundesliga Bescheid als ich, zumal er bei seinem koscheren Metzger in New York wöchentlich den »Kicker« bekam. Aber er konnte nie verstehen, dass ein Jude nach 1945 noch freiwillig in Deutschland lebte, und hierüber gab es zahlreiche Auseinandersetzungen mit meinem Vater. Seine Einstellung war damals durchaus verbreitet, insbesondere bei den Juden in Israel und USA, die sich schworen, nie mehr einen Fuß auf deutschen Boden zu setzen. So gab Arthur Rubinstein, einer der begnadetsten Pianisten aller Zeiten und wohnhaft in den USA, Konzerte in Basel, also an der deutschen Grenze, aber nie mehr in Deutschland selbst. Das muss man im Kopf haben, wenn man dankbar sieht, wie sich in Deutschland wieder selbstbewusstes jüdisches Leben entwickelt.

Onkel Dieter, der Halbbruder meines Vaters, damals noch ein Kind, wurde in Frankreich zur Deportation gebracht. Seiner Mutter gelang es, ihn aus dem fahrenden Deportationszug zu werfen. Er wurde von Bauern gerettet. Er lebte bis zu seinem Tod in Südfrankreich, verheiratet mit einer Französin und schwer traumatisiert. Seine Mutter starb im Gas.

Mir ist als junger Mensch kaum aufgefallen, dass mein Vater so wenige Verwandte hatte, obwohl er ja einer großen Familie angehörte, aus der bekannte Ärzte, Fabrikanten, Musiker und Komponisten stammten. Darüber wurde wenig gesprochen, es war tabu. Ich glaube, es hätte zu viel an psychischer Stabilität gekostet, die sich mein Vater mühsam erarbeitet hatte, ihren Schicksalen nachzugehen, um dann zu erfahren, dass sie ermordet wurden. Erst in hohem Alter, als diese Stabilität brüchig wurde, überrollte das Geschehene meinen Vater. Seine Schreie im Schlaf bewegen mich noch heute.

Zurück zur Historie: Nach dem Tod meines Großvaters 1938 stand mein Vater vor der Frage, wie er sich retten könne. Für die USA reichten die Mittel nicht, in Luxemburg konnte er auch nicht bleiben. Ausgestattet mit geschönten Papieren, entschloss er sich zur Rückkehr nach Berlin, wo er als deutscher Heimkehrer freundlich begrüßt und problemlos registriert wurde. Wie er erwartet hatte, wurde er gemustert und zur deutschen Wehrmacht eingezogen. Immer wieder aber gab es eine Situation, in der plötzlich seine echte Geburtsurkunde auftauchte und er der Polizei klarmachen musste, dass er der Noa ohne h ist. Sein Aussehen kam ihm dabei zugute: blond, blauäugig, athletisch, so sahen die Juden im »Stürmer« wahrlich nicht aus. Dass er beschnitten war, ließ sich mit einem »Zustand nach Phimose« erklären. Und immer wieder halfen Freunde, auch wenn sie inzwischen Nazis geworden waren.

So war er, der Jude, plötzlich deutscher Soldat, mit allen Konsequenzen. Einsatz an der Ostfront, in Afrika bei El Alamein, Verwundung und Lazarett. Immer wieder musste er mit ansehen, wie Wehrmacht oder SS hinter der Front Juden aufs Grausamste und in großer Zahl misshandelten und vernichteten – und immer das Bewusstsein, dass er da eigentlich dazugehörte. Und immer die Angst vor Entdeckung, die immer größer wurde, als er denunziert worden war, denunziert auch vom eigenen ehemaligen Schwiegervater. Schwer verwundet, retteten ihn die alliierten Bomben, die seine Spur verwischten, bis endlich im Mai 1945 die Befreiung kam, die mein Vater in der russischen Zone erlebte. Die Russen, die damals durchaus gewillt waren, auf deutschem Boden einen Rechtsstaat zu schaffen, haben meinen Vater gut gebrauchen können, und so wurde er Staatsanwalt in Chemnitz, Richter in Berlin und zuletzt Landgerichtspräsident in Gera.

Hier, in Gera, kam nun meine Mutter ins Spiel. Sie war katholisch, ohne diesen Glauben wesentlich zu praktizieren. Aber wie kam sie nach Gera?

Meine Mutter – Hanna – verlebte ihre Jugend in Prag; sie ging dort zur Schule, ohne ein Wort Deutsch zu sprechen. Die Familie, die einen unaussprechlichen tschechischen Namen trug, war im ehemals großen österreichisch-ungarischen Reich zu Hause und fühlte sich in keiner Weise deutsch. Meine Großmutter mütterlicherseits, die ich sehr oft erleben durfte, eine geborene Wienerin, stellte den besten Apfelstrudel der Welt her, und auch ihre Pflaumenknödel, ihre Palatschinken, ihre Lektüre und alles, was sie liebte, war österreichisch. Mein Großvater war Bahnhofsvorstand in vielen Städten der Tschechoslowakei. Dennoch wurde meine Mutter 1945 mit 16 Jahren, als die alliierten Truppen immer näherkamen, zur SS-Leibstandarte Adolf Hitler dienstverpflichtet und musste dabeisein, als wahllos Hunderte von Gefangenen und Geiseln abgeschlachtet wurden. So traumatisiert, wurde sie nach der Befreiung auf einen Lastwagen geladen und vertrieben. Sie wusste nicht, wo ihre Eltern und ihr sechsjähriger Bruder waren, die drei älteren Brüder waren ohnehin im Krieg, einer bereits gefallen. Es war eine glückliche Fügung, dass sie Eltern und jüngeren Bruder auf einer nassen Wiese in Thüringen inmitten tausender obdachloser Vertriebener wiederfand. An Schule war nicht mehr zu denken; meine Mutter hatte die kleine Restfamilie durchzubringen mit Arbeit beim Bauern und in der Fabrik, in die sie jeden Tag zehn Kilometer laufen musste. Nebenher lernte sie Deutsch, Steno und Schreibmaschine und bekam eine Stelle beim Landgericht in Gera, wo mein Vater Chef war. Mein Vater war 20 Jahre älter als meine mittlerweile 21 Jahre alte Mutter. Mein Vater, körperlich und seelisch am Zerbrechen, verliebte sich in diese bildhübsche junge Frau, deren Seele so geschunden war und die dennoch, ebenfalls aus Liebe, aber auch aus einem Gefühl tiefer Verantwortung heraus, meinen Vater auffing und ihm wohl das Leben rettete. Letztlich war sie es auch, die ihn 1953 dazu brachte, sich der Verhaftung durch die Flucht in den Westen zu entziehen.

Mein Vater musste den Dienst als Präsident des Landgerichts quittieren, weil er den Weisungen der inzwischen stark gewordenen SED nicht Folge leisten konnte und wollte. Er hatte nicht die Nazis ausgehalten, um jetzt einem Unrechtstaat zu dienen, auch wenn er dadurch auf eine glänzende Karriere verzichtete. Als Anwalt verteidigte er danach in politischen Prozessen und bekam einen Tipp, dass er nach seinem Plädoyer im berühmten Wismut-Prozess, einem Schauprozess gegen Bergarbeiter, die wegen Diebstahls von Volkseigentum angeklagt waren und hohe Freiheitsstrafen zu erwarten hatten, verhaftet werden sollte. Er hielt das Plädoyer nicht mehr und flüchtete mit meiner schwangeren Mutter und mir, ich war damals ein Jahr alt, über Ostberlin in den Westteil der Stadt. Alles, was wir hatten, waren ein kaputter Kinderwagen und ein Koffer. Meine Mutter hatte ihre Familie verlassen, die sie viele Jahre nicht mehr sehen konnte, und mein Vater hatte ohnehin die meisten Angehörigen im Gas verloren; wo seine Brüder waren, wusste er nicht.

In Böblingen wurden meine beiden Schwestern geboren. Hier waren wir gelandet, weil uns da ein Bruder meiner Mutter das Wohnzimmer seiner Familie in einem winzigen Haus zur Verfügung gestellt hatte. Nun waren wir fünf, bekamen eine kleine eigene Wohnung und mussten bald darauf nach Freiburg – und einige Jahre später nach Karlsruhe – umziehen, weil mein Vater eine Stelle als Angestellter in der Justiz in Freiburg bekam. Aber wie musste er kämpfen, um überhaupt wieder als Jurist beschäftigt zu werden! Jude und DDR-Flüchtling mit ehemals hoher Position, also Kommunist ... Verhöre, Fingerabdrücke, Überwachung ... der Kalte Krieg hatte ja gerade begonnen und der Antisemitismus hatte sich nicht in Luft aufgelöst. Mein Vater arbeitete in der Wiedergutmachung und traf zu Dutzenden auf alte Nazis, die problemlos weiterbeschäftigt wurden und sich darin überboten, die Anträge überlebender Juden, Sinti und Roma abzulehnen. Und auch mein Vater musste einen langen Rechtsstreit führen, um wieder Beamter werden zu dürfen. Übrigens hat sein Wiedergutmachungsanspruch gerade mal dazu gereicht, dass er sich 1963 einen VW-Käfer für 5000 DM leisten konnte ... das nennt man Wiedergutmachung ...

Wir Kinder waren alle getauft, aber dass wir katholisch waren, war nicht wichtig. Ich glaube, es war uns lange gar nicht bewusst. Wir beteten und glaubten an den einen Gott der Juden und Christen und aller Menschen. Die Werte, die wir vermittelt bekamen, verbanden uns aufs Tiefste. Wir lernten Engagement, Respekt, Toleranz, Dankbarkeit und Nächstenliebe. In der Familie wurde geteilt, und mit anderen wurde geteilt. Wir waren arm, aber es gab gerade im beginnenden Wirtschaftswunder viele Menschen und Familien, die noch viel ärmer waren. Deshalb gingen wir, bevor bei uns am Heiligabend beschert wurde, zu diesen Menschen, um ihnen mit einem Teil unserer Spielsachen, mit Essen und Trinken eine Freude zu machen. Ich habe heute noch den Geruch von Bratkartoffeln in der Nase und den Anblick verstümmelter Kriegsheimkehrer im Auge.

Wir Kinder waren andererseits auch dem Lebensleid unserer Eltern ausgesetzt und wurden von diesem geprägt. Wir bekamen viel erzählt, aber vieles auch nicht oder erst als Erwachsene. Manches konnte man nur ahnen. Die Wunden unserer Eltern übertrugen sich auf uns und verpflichteten uns gleichzeitig unwiderruflich, Zeugnis abzulegen und für eine bessere Gesellschaft einzustehen und zu sorgen. Für meinen Vater war diese deutsche Demokratie der beste Staat in der Welt, dessen Rechtsstaatlichkeit es zu bewahren und zu schützen galt. Er engagierte sich in der Politik und auch für mich war das schon als Schüler selbstverständlich. Ich war katholischer Pfadfinder und gleichzeitig in der sozialistischen Jugend aktiv. Ich habe an den großen

Demonstrationen gegen die Notstandsgesetze und den Vietnamkrieg teilgenommen und diese mitorganisiert, aber ich habe mich freiwillig zur Bundeswehr gemeldet, weil ich diesen Staat schützen wollte. Ich bin heute noch stolz darauf, eine große Kundgebung der NPD in der Karlsruher Stadthalle mit Buttersäure gesprengt zu haben, auch wenn ich dafür danach verfolgt wurde.

Wir Kinder gingen alle zur Erstkommunion und zur Firmung, ich war Ministrant; Mädchen durften das damals noch nicht sein. Ich erlebte dabei das ganze Spektrum vorkonziliaren katholischen Antisemitismus von Pfarrern, Jugendleitern, Religionslehrern und Nachbarn: Christusmörder, Rachegott, ungültige Ehe der Eltern … »Wie fühlt man sich denn, wenn man einen Vater hat, dessen Volk Jesus umgebracht hat?« Mich forderte diese Haltung heraus; ich entschloss mich, insbesondere im Höhenrausch der nachkonziliaren Zeit, nach »Nostra aetate« und der Würzburger Synode, katholische Theologie zu studieren und Priester zu werden, um diese Kirche ein wenig zu verändern.

Meine Eltern und meine Geschwister achteten diese Einstellung, obwohl meine beiden Schwestern sich bereits damals auf dem Weg zum Glauben des Vaters bewegten. Meine Schwester Elvira studierte Latein und Musik, aber beschäftigte sich noch viel mehr mit jüdischer Religion, lernte Hebräisch und wurde, ebenso wie meine zweite Schwester Nicole mit Mann und Sohn, Jüdin. Dazu muss man wissen, dass Juden jede Mission kategorisch ablehnen und der Übertritt in die jüdische Religionsgemeinschaft mit hohen Hürden verbunden ist. Jude ist man eben, wenn man eine jüdische Mutter hat, und sonst soll man es auch nicht werden. Für manche eher orthodoxe Juden haben solche Konvertiten auch nicht den gleichen Rang wie ein »richtiger« Jude. Elvira ist seit über 20 Jahren Vorsitzende der Jüdischen Gemeinde in Bremen, gibt Religionsunterricht und leitet die Chöre der Gemeinde und vieles mehr. An der schwierigen Integration der vielen russischen »Kontingentjuden« war sie maßgeblich beteiligt. Nicole, meine zweite Schwester, ist heute in zweiter Ehe mit einem katholischen Mann verheiratet. Die christlichen wie die jüdischen Feste werden ganz selbstverständlich gemeinsam gefeiert; die Einhaltung der dabei notwendigen Regeln, wie etwa die Speiseregeln, wird akzeptiert und mitgetragen.

Ich selbst habe mein Ziel, Priester zu werden, eher zermürbt von vielen Diskussionen und Enttäuschungen in unserer Kirche aufgegeben und bin Jurist geworden, aber nicht Anwalt, sondern Richter und Staatsanwalt, weil ich hier eher die Möglichkeit sah, an der Gestaltung der deutschen Gesellschaft mitzuwirken. Heute, wo ich als Oberstaatsanwalt das Ende meiner beruflichen Tätigkeit vor Augen habe, weiß ich nicht, ob mein Wirken erfolgreich war. Gerade in der deutschen Wirtschaft, wo ich jahrelang als Wirtschaftsjurist und Compliance-Fachmann in leitender Funktion tätig war, dient Ethik regelmäßig allenfalls als Mittel der Profitmaximierung. Das erinnert mich an ein Zitat, das mein Vater vom damaligen Justizminister der DDR überliefert hat: »Mensch Noa, scheiß auf den Rechtstaat, mach, was die Partei will.«

Mein Engagement in der Kirche habe ich nicht aufgegeben, sondern um ein Vielfaches verstärkt. Ich war über 20 Jahre in der Leitung einer Kirchengemeinde und einer Gesamtkirchengemeinde, bin Diözesanrat und Mitglied des ZdK, des Gesprächskreises Juden und Christen, einiger anderer Gremien, und nicht zuletzt Missbrauchsbeauftragter in meiner Diözese. Der Unterschied zum Wirken als Priester ist der, dass ich nicht in die Hierarchie der Kirche eingebunden bin.

Ich war verheiratet in konfessionsverbindender Ehe, wie man heute sagt. Unsere beiden Mädels wurden zunächst in der evangelischen Kirche getauft, wurden dann auf eigenen Wunsch katholisch, warum auch immer. Der evangelische Pfarrer schickte einen bitterbösen Brief, als er von dem notwendigen Kirchenaustritt erfuhr. Beide wurden Ministrantinnen, Oberministrantinnen, machten katholische Jugendarbeit. Judith, die jüngere, studierte nach dem Abitur katholische Theologie und ist jetzt bei der Diözese Limburg beschäftigt. Ihre Tochter Paula, meine zweite Enkelin, wurde am 5. Mai getauft.

Meine Tochter Miriam, die schon in ihrer Schulzeit von Ludwigsburg nach Stuttgart fuhr, um Hebräisch zu lernen, ging nach dem Abitur nach Berlin, studierte Musikwissenschaft und andere Fächer, promovierte und war Bezirksverordnete in Friedrichshain-Kreuzberg. Aus der Kirche war sie noch als Schülerin ausgetreten. Dies tat sie nicht, um Kirchensteuer zu sparen, denn sie hatte ja noch kein eigenes Einkommen, sondern weil sie sich der Religion ihres Großvaters so verbunden fühlte, dass sie alles lernte, was nötig war, um einen Aufnahmeantrag in die jüdische Gemeinschaft zu stellen. Ein jahrelanger Kampf begann, denn trotz aller Kenntnisse und Glaubensbekundungen wurde sie von der dafür zuständigen Rabbinerkommission immer wieder abgelehnt oder neuen Aufgaben unterzogen, um den Beweis ihrer Ernsthaftigkeit zu erbringen. Letztlich gelang ihr die Aufnahme. In der Gemeinde lernte sie ihren Mann kennen, der aus einer alten jüdischen Berliner Familie stammt. Meine fast dreijährige Enkelin Alma geht natürlich in die jüdische Kita in München und singt in der Straßenbahn ganz laut jüdische Lieder, die sie dort lernt. Inzwischen ist auch Esther geboren und in den jüdischen Gemeinden München und Berlin begrüßt worden.

Meine beiden Töchter sind unzertrennlich, sie leben zwar weit auseinander, telefonieren aber fast täglich und besuchen sich oft. Die Kinder spielen natürlich miteinander und die jeweils andere, ja bei beiden sehr aktiv gelebte Religiosität befruchtet und interessiert. Bei der katholischen Hochzeit von Judith und bei der Taufe ihrer Nichte Paula hat Miriam in der Kirche musiziert, und bei der jüdischen Hochzeit von Miriam hat Judith als ihre Schwester ganz selbstverständlich assistiert. Ich durfte als Brautvater meine Tochter unter den Heiratsbaldachin führen.

Ein ähnlich entspanntes und tolerantes Verhältnis habe ich mit meinen beiden jüdischen Schwestern, die selbstverständlich unter dem Weihnachtsbaum Geschenke austauschen und den katholischen Gottesdienst besuchen. Toleranz – mehr noch: – aufrichtiges Wohlwollen dem anderen gegenüber ist die Grundlage unseres Zusammenseins. Selbstverständlich wurde vor Pessach auch die Küche gesäubert, als Miriam noch zu Hause wohnte. Da wird dann auch schon mal eine wenig koschere Klosterleberwurst vom Schwein gegessen, weil die ja so gut schmeckt. An eine Geschichte erinnere ich mich noch: Als meine – katholische – Mutter noch lebte, trafen sich zu Jom Kippur alle jüdischen Familienmitglieder in ihrer Wohnung. Sie besuchten von dort aus die Synagoge und ließen sich beim 24-stündigen Fasten von meiner Mutter verwöhnen, die danach auch für Essen und Trinken sorgte.

So sehr mich der katholische Antijudaismus und der latente bürgerliche Antisemitismus bis heute treffen, so sehr hat mich auch jüdische Intoleranz und Engstirnigkeit verletzt, die ich nicht unerwähnt lassen will. Natürlich ist das hier nicht systembedingt, sondern von Personen abhängig, aber im Ergebnis ebenso unverträglich. Zwei Beispiele: Mein Vater wurde auf dem jüdischen Friedhof in Karlsruhe beigesetzt. Ich habe neben seinem Grab eine Birke gepflanzt, die eines Tages weg war. Auf meine Frage wurde mir erklärt, dass der Rabbiner das angeordnet habe, weil Pflanzen die Toten stören könnten. Dass der ganze Friedhof voll wildwachsender, alter und tief wurzelnder Bäume steht, spielte dabei keine Rolle.

Ich hatte schon erwähnt, wie aufopferungsvoll meine Mutter meinen Vater geliebt und versorgt hat, damit dieser nicht nur überhaupt noch leben konnte, sondern auch die Kraft für den Wiederaufbau hatte. Als meine Mutter viele Jahre nach meinem Vater starb, hätten wir sie gern im Grab meines Vaters oder daneben gesehen. Es kostete einigen Aufwand, ehe uns gestattet wurde, wenigstens eine Urne dort zu bestatten. Viel lieber hätten wir eine Erdbestattung gehabt, aber Nichtjuden haben da eben nichts zu suchen. Das hätte man auch nach jüdischem Recht anders regeln können; diese Entscheidungen waren einfach unmenschlich. Der Rabbiner hat dann noch eins draufgesetzt: Er verlangte die Anbringung einer Plakette, auf der stand »In Erinnerung an ...«, um den Eindruck zu erwecken, die auf dem Grabstein bezeichnete Frau liege gar nicht hier. Wir konnten das ignorieren und es passierte nichts mehr. Andererseits waren gerade die Trauerfeiern für meine Mutter ein bewegendes Beispiel für das Zusammensein von Christen und Juden. Wir feierten in meiner Heimatkirche in Ludwigsburg ein Requiem und es gab Maultaschen für alle. Der Sarg stand in der Mitte. Als er abgeholt wurde, winkten wir Mutter nach. Die Urne durfte ich persönlich nach Karlsruhe überführen und wir bestatteten sie gemeinsam. Der katholische Pfarrer stand am jüdischen Grab.

Übrigens hat mein Vater, dem es nicht vergönnt war, eine künstlerische Laufbahn einzuschlagen, schon immer Gedichte geschrieben, in denen er seinen Glauben, seine Ethik, seine politischen Ansichten, aber auch seinen Humor zum Ausdruck brachte. Gratulationen in Prosa gab es nicht, ohne Lyrik ging es nicht. Nach seiner Pensionierung begann er zu komponieren. Er hat eine Vielzahl romantisch anmutender Werke geschaffen und auch von guten Künstlern spielen und aufnehmen lassen. Ich denke, das war seine Form, seinen Gefühlen Ausdruck zu geben, teilweise in ganz banaler Weise, teilweise in sehr bewegender dramatischer Form, etwa nach dem Ende des Majdanek-Strafprozesses in seinem Stück »Majdanek«. Letztlich ist er an der Welt und den Menschen zerbrochen, die seiner Meinung nicht besser wurde und wurden.

Für mich steht eines fest: Wir können als Menschen nur besser werden durch Lernen und durch Bildung, Bildung des Herzens und des Verstandes. Deshalb habe ich Ihnen meine Geschichte erzählt und deshalb engagiere ich mich weiterhin. Ich bin stolz darauf, dass im Gesprächskreis Juden und Christen ein Buch* entstanden ist, das die häufigsten Irrtümer der Christen bei der Interpretation der Hebräischen Bibel erörtert, und ich bin dankbar, dass dabei die jüdischen Mitglieder des Gesprächskreises engagiert und sachkundig mitwirkten. Es ist wichtig, dass wir neben der Beschäftigung mit dem Islam, der uns gerade sehr fordert, das Zusammensein mit unseren jüdischen Mitbürgern und den Schulterschluss mit den älteren Schwestern und Brüdern im Glauben üben und täglich praktizieren. Und dabei brauchen wir die Erinnerung, ohne die es keine Zukunft gibt.

---

* Von Abba bis Zorn Gottes. Irrtümer aufklären – das Judentum verstehen. Herausgegeben von Paul Petzel und Norbert Reck im Auftrag des Gesprächskreises Juden und Christen beim Zentralkomitee der deutschen Katholiken, Patmos Verlag Ostfildern, 2. Aufl. 2018.

Nur ein kurzer Weg

Andreas Hollstein

Hier stehe ich nun vor Ihnen und soll etwas zum Thema »Suche Frieden« sagen. Die allermeisten werden mich naturgemäß nicht kennen, weil ich zwar Politiker bin, aber sozusagen unter dem Wahrnehmungsradar, d.h. in der Kommunalpolitik, nahe am Menschen arbeite.

Ich bin Bürgermeister der südwestfälischen Kleinstadt Altena mit 17.500 Einwohnern. Auch unsere Stadt muss man nicht kennen. Sie fahren auf der A 45 Richtung Frankfurt und in einem Tal und an einem schönen kleinen Fluss, mitten in der drittbedeutendsten Industrieregion Deutschlands, »Südwestfalen«, finden sie Altena. Manche kennen Altena vielleicht auch wegen der ältesten Jugendherberge der Welt oder der Burg Altena.

Ich bin gerade 55 Jahre alt geworden, in zweiter Ehe verheiratet, und habe vier Kinder. Ich bin von Haus aus Jurist. Zunächst arbeitete ich zwei Jahre lang als Abteilungsleiter für Politik, Kultur und Protokoll an der Botschaft der Republik Litauen und anschließend im Deutschen Bundestag als Mitarbeiter des gesundheitspolitischen Sprechers der CDU und der CDU/CSU-Fraktion für die Bereiche Sozialhilfe und das Asylbewerberleistungsgesetz. 1999 wurde ich völlig überraschend zum ersten hauptamtlichen Bürgermeister Altenas gewählt – obwohl ich mit meinen damals erst 36 Jahren zu den jüngsten Bürgermeistern in NRW gehörte, obwohl ich katholisch bin (25 Prozent in Altena) und obwohl ich aus der damals traditionell in Altena »falschen« Partei komme, der CDU.

Nach meiner Wahl warteten keine vergnügungssteuerpflichtigen Aufgaben auf mich. Altena ist in Westdeutschland eine der am stärksten schrumpfenden Kommunen (1970: 32.000 Einwohner; 2015: 17.500). Die Stimmung im Rat der Stadt vor meiner Wahl war jahrelang geprägt von der Devise: »Es ist zwar dunkel im Tunnel, aber es wird jemand kommen, der ein Licht hereinstellt, also bloß keine Veränderung.« Aber natürlich kam da niemand.

Unser Team in der Verwaltung und der Rat gingen 1999 mit einer umfangreichen Sparliste an die Öffentlichkeit. Unter anderem wurden ein Freibad, mehrere Schulen und Sportplätze geschlossen und die Verwaltung verkleinert. Ohne Übertreibung: ein städtisches Sanierungskonzept. Daneben haben wir in Altena aber auch auf Innovation gesetzt: Ein neues interkommunales Gewerbegebiet entstand und 50–60 Millionen Euro aus privaten und öffentlichen Mitteln wurden ab 2009 in die Altenaer Innenstadt investiert. Als wesentliches Projekt entstand der Erlebnisaufzug zur Burg Altena.

Zentrale Bedeutung hatte die Teilnahme an einem Pilotprojekt der Bertelsmann Stiftung zum bürgerschaftlichen Engagement unter dem Titel »Neues Altern in der Stadt«. Als Folge entstand eine ausschließlich bürgerschaftlich betriebene Ehrenamtsbörse, mit der wir neben den Kirchen, Verbänden und

Vereinen ca. 500–1000 Bürger erreichen. Hier entstand 2013 die Idee, niederschwellige Sprachkurse für geflüchtete Menschen anzubieten.

Zur selben Zeit stellten wir aufgrund eines Brandes in einem Übergangsheim auf die dezentrale Verteilung der Geflüchteten in Wohngruppen um, um so einerseits die Nachteile der geballten Unterbringung verschiedener Ethnien und Menschen unterschiedlichen Glaubens zu beenden und beispielsweise Familien oder Teile von Familienverbänden als »normale Nachbarn« in den »normalen Wohnbestand« zu integrieren. Wir waren selbst skeptisch, doch der Versuch wirkte: weniger Konflikte, weniger Vandalismus, besserer Spracherwerb und soziale Kontakte.

2014 erlebte ich, weil ich mich in der »Deutsch-Griechischen Versammlung« von BürgermeisterInnen ehrenamtlich engagiere, das Elend auf Samos und Lesbos und auch die Anfänge von Idomeni hautnah mit. Menschen, die ihr Leben riskierten und an den Grenzen unseres Europas bildlich und wörtlich strandeten. So entstand, als 2014 die Flüchtlingszahlen stark anstiegen, die Überlegung, ob wir in Altena nicht über die Zuweisungsquote nach dem Königsteiner Schlüssel hinaus freiwillig mehr Menschen aufnehmen, um einen kleinen Beitrag zu mehr Humanität zu leisten. Den Platz für diese Menschen hatten wir, und wenn wir sie erfolgreich integrieren würden, so hofften wir, könnte diese Maßnahme auch eine positive Wirkung auf unsere Stadt haben.

So lautete die damalige Idee. Die Fraktionen unterstützten sie im Herbst und gaben mir damit die Möglichkeit, die humanitäre Aktion weiter voranzutreiben. Der in Deutschland angewandte Königsteiner Schlüssel und die eingefahrenen Wege der Bürokratie (»Es kann nicht sein, was nicht vorgesehen ist«) standen ihr zunächst jedoch im Weg. Die Bezirksregierung mit dem Regierungspräsidenten persönlich verneinte mehrfach die Umsetzungsmöglichkeit. Im August 2015 beklagte die Bezirksregierung Arnsberg auf einer Bürgermeisterkonferenz im Landkreis die Fallzahlen. Ein neuer Vorstoß wurde von der Landesregierung als Pilotversuch genehmigt und wir erhielten das OK für die Mehraufnahme. Alle im Rat vertretenen Kräfte waren einverstanden, und so wurde uns 2015 – auf dem Höhepunkt der Belastung, als Bundeskanzlerin Merkel unerschütterlich ihr »Wir schaffen das« formulierte und wiederholte – die Aufnahme von zusätzlichen 100 Menschen erlaubt.

Ich halte die Grenzöffnung im Herbst 2015 für eine richtige und mutige Entscheidung der Bundeskanzlerin und würde mich auch heute wieder für die Aufnahme von zusätzlichen Flüchtlingen engagieren.

Zu diesem Zeitpunkt, im Herbst 2015, hatten wir bereits ehrenamtliche Sprachkurse, dezentrale Unterbringungsmöglichkeiten in normalen Wohnungen, ein motiviertes Hauptamt im Rathaus und eine große Zahl an bürgerschaftlich engagierten Menschen. Trotz eines Brandanschlags, den zwei junge Altenaer im Oktober auf ein Haus verübten, in dem Flüchtlinge lebten, blieb die Stadtgesellschaft standhaft. Am 23. Oktober 2015 konnten wir 100 Menschen zusätzlich zu den Aufnahmen nach dem Königsteiner Schlüssel in unserer Stadt begrüßen, darunter ca. 30 Kinder.

Die Aufnahme machte Schlagzeilen und es gab, einhergehend mit einer umfangreichen Medienpräsenz, in 2016 und 2017 bereits viele beleidigende und bedrohende anonyme Mails, Briefe und Kommentare in den sozialen Netzwerken. Meine Frau und ich haben in dieser Zeit viel über die Gefahr einer tätlichen Bedrohung geredet. Während ich diese weniger gegeben sah – und wenn, dann nicht in Altena –, hat mich meine Frau häufiger vor einer konkreten Tat gewarnt und Angst um mich gehabt. Die Auszeichnung für die Integrationsarbeit der Stadt Altena mit dem ersten nationalen Integrationspreis im Mai 2016 durch Kanzlerin Merkel verstärkte neben viel Zustimmung auch den Hass. Trotzdem war die Mehrheit der Menschen in Altena stolz und unterstützte die Haltung zugunsten Geflüchteter.

Am Abend des 27. November 2017 wurde ich dann Opfer eines Verbrechens. Kein rechtsradikaler Täter von außen. Ein verzweifelter Mitbürger machte sich in einer Notsituation die Stereotypen des Fremdenhasses zu eigen und mich zum Zielobjekt eines Messerangriffs. Dank des eigenen Handels und besonders der beherzten Hilfe zweier türkischstämmiger Mitbürger habe ich überlebt.

Ich hatte am 27. November eine Hauptausschusssitzung im Rathaus gegen 19.30 Uhr beendet und ging, da meine Frau erkrankt war und ich nicht mehr kochen wollte, zu einem in meiner Nachbarschaft gelegenen Döner-Imbiss, um Essen zu holen. Kurz nach meiner Bestellung betrat ein Mann das Geschäft. Der Inhaber und ich wechselten das Thema der Unterhaltung, weil ich bemerkte, dass der andere Kunde aufmerksam zuhörte und zweimal mich musternd zu mir hinüberblickte. Dann fragte er:

»Sind Sie der Bürgermeister?« – Ich antworte mit: »Ja, warum?« In dieser Situation zog er aus einer mitgeführten Tasche ein langes Küchenmesser. Er schrie: »Ich stech dich ab, mich lässt du verdursten und holst 200 fremde Menschen in die Stadt.« Mit viel Kraft packte er mich und setzte mir das Messer an den Hals. Ich hatte Todesangst, und als er auf beruhigende Worte von mir und dem Imbissbesitzer, Herrn Demir, nicht reagierte und seine ersten Worte noch erregter und lauter wiederholte, entschloss ich mich, zu handeln, um so dem Tod zu entgehen. Mir gelang es, die Messerhand zu ergreifen und wegzudrücken. Der Täter hielt dagegen und verletzte mich. Erst als Vater und Sohn Demir zu meinem Glück beherzt eingriffen, gelang es uns, dem Täter trotz Gegenwehr das Messer zu entwinden und ihn in dem Kampf festzuhalten. Frau Demir holte die Polizei.

Ich fuhr zur Behandlung in ein Krankenhaus, konnte aber aufgrund der nur geringen, zwei bis drei Zentimeter langen Verletzung nach einer ambulanten Behandlung wieder nach Hause. Dank des Hinweises meiner Frau habe ich es gerade noch geschafft, meine Kinder und meine Mutter zu verständigen, bevor die Medien berichteten. Von meiner Frau unterstützt, entschloss ich mich, mich nicht zurückzuziehen, sondern mich am Tag danach der Öffentlichkeit zu stellen, um auf die zunehmende Verrohung der Gesellschaft und die Probleme ihrer Repräsentanten vor Ort durch Hass, Hetze und Bedrohung aufmerksam zu machen.

Was ich nicht wusste, war, dass zeitgleich in Köln die NRW-Staatspreisverleihung an Navid Kermani stattfand. Ministerpräsident Armin Laschet hatte in seiner Ansprache über einen gemeinsamen Besuch mit Kermani in Altena gesprochen. Wolfgang Schäuble, bis heute gezeichnet durch eine Attacke, hatte die Laudatio gerade beendet, als gegen 19.50 Uhr (als ich den Imbiss betrat) Kermani das Wort ergriff. Er sprach Henriette Reker, die Oberbürgermeisterin von Köln, die ein Attentat schwerstverletzt überlebt hatte, und Bundestagspräsident Schäuble an; er nannte ihre Fortsetzung der Arbeit »heroisch«. Zur selben Zeit hatte ich das Messer an meinem Hals. Meine Erklärung ist vor dem Hintergrund meines Glaubens: »Gottes Fügung«; andere sprechen von Zufall oder Schicksal.

Der Ministerpräsident informierte in Köln über die ihm von der Staatskanzlei übermittelte Nachricht des Angriffs auf mich und löste so ein Medieninteresse aus, das mich, meine Familie und auch meine Verwaltung völlig überraschte. So wurde ich noch am selben Abend zur Meldung in den Fernseh- und Rundfunknachrichten. In Altena wurde von Bürgern am Tag danach eine spontane Solidaritätsdemonstration durchgeführt, an der – nur über das Netz aktiviert – über 350 Bürgerinnen und Bürger teilnahmen.

Dankbar bin ich für die persönlichen Worte der Bundeskanzlerin in einem persönlichen Telefonat. Sie hat im Herbst 2015 mit der Öffnung der Grenzen aus humanitären Gründen in meinen Augen richtig und mutig entschieden. Auch Ministerpräsident Laschet und viele Verantwortungsträger in der »großen« Politik haben sich mit Unterstützungstelefonaten und persönlichen Briefen gemeldet. Bundespräsident Steinmeier besuchte mit Ministerpräsident Laschet im März 2018 Altena und meine Helfer, ein ermutigendes Zeichen.

Was in den Tagen, Wochen und Monaten danach jedoch auch einsetzte, war nicht vorherzusehen. Die Berichterstattung war nicht nur national in den meisten Medien präsent, sondern umfasste u. a. auch *Le Monde*, *The Guardian* und die *Washington Post*. Daneben erzeugte sie viele Reaktionen. Allein ca. 2000 Briefe und E-Mails erreichten unser Rathaus bis Januar. Neben viel Zuspruch gab es auch ca. 15 Prozent Kritik, wobei leider nicht nur anonyme Beschimpfungen und Verunglimpfungen meiner Person im Mittelpunkt standen, sondern auch Drohungen. Es wurde – natürlich anonym – bedauert, dass der Täter nicht erfolgreich war. Es erfolgte der Hinweis, dass der Staat Politiker wie Merkel, Maas und Laschet schützen könne, aber Frau Reker und mich eben nicht.

Auch meine Familie wurde einbezogen. Eine AfD-Wählerin schrieb sinngemäß: Hätte Ihre Frau an diesem Abend wie eine gute deutsche Hausfrau für Sie gekocht, wäre nichts passiert, weil Sie nicht in den Imbiss hätten gehen müssen. Es gab Telefonanrufe bei meiner Familie und viele Dinge mehr. Die schlimmsten Beispiele fanden sich unter den anonymen Kommentaren im Netz. Viele Zuschriften und Äußerungen waren strafrechtlich relevant.

Im Dezember gab die Polizei gegenüber dem WDR an, im Umfeld des Geschehens über 8000 Posts, Tweets, Mails und WhatsApp-Nachrichten zu durchleuchten. Einige Strafverfahren wurden eingeleitet. Bereits im Sommer 2017 hatte der Deutsche Städte- und Gemeindebund ermittelt, dass fast die Hälfte der bundesdeutschen Kommunalpolitiker bereits mit Drohungen und Beleidigungen konfrontiert waren. Sechs Prozent gaben an, dass Mitarbeiter oder sie selbst schon von körperlicher Gewalt betroffen waren.

Ende Dezember zahlte ich meinen persönlichen Preis, indem mein Körper mit einem Hörsturz reagierte. Es war, auch wenn ich weiter ruhig schlafen, über den Vorfall reden und den Tatort besuchen konnte, eine Reaktion auf den Schrecken und die Angst. Leider hatte ich im Februar 2018 einen Rückfall. Die Präsenz heute, hier auf dem Katholikentag, ist meine erste öffentliche Veranstaltung seitdem. Aber das Thema ist wichtig!

Deshalb spreche ich heute gern zu Ihnen und schweige nicht über das Thema. Ich glaube, dass in unserer Gesellschaft eine Verrohung stattgefunden hat, die eben nicht nur Berufspolitiker bis zu Bürgermeistern erfasst. Auch Rettungssanitäter werden bei ihrer segensreichen Arbeit behindert und können berichten, dass bei Unfällen sich mittlerweile mehr Handyfilmer finden als Helfer. Feuerwehrangehörige werden beschimpft, Polizisten nicht mehr respektiert. Auch ehrenamtliche Kommunalpolitiker(innen) und bürgerschaftlich engagierte Menschen sind betroffen. Wie sich zuletzt beim frisch gewählten Oberbürgermeister Freiburgs, Martin Horn, gezeigt hat, ist dies auch ohne Anlass bzw. ohne vorheriges Handeln im Amt möglich. Martin Horn war noch gar nicht im Rathaus, als er auf seiner Wahlparty von schweren Faustschlägen eines Besuchers getroffen wurde.

Ich denke, die Friedensnobelpreisträgerin Herta Müller hat recht. Sie formulierte bereits 2015 bei der Überreichung des Heinrich-Böll-Preises in Anwesenheit der gerade von der schweren Messerattacke genesenen Oberbürgermeisterin Henriette Reker, dass in einem Land, wo Begriffe wie »Volks-

Andreas Hollstein

verräter« und »Lügenpresse« kursieren, es bis zum Einsatz von Messern nur noch ein kurzer Weg ist. Diese Worte sind zutreffend und stimmen nachdenklich.

Ich bin überzeugt davon, dass neben viel Gedankenlosigkeit und Werteverfall auch politisches Kalkül von Extremisten dahintersteckt, die Mutlosigkeit, Angst und Hilflosigkeit in unserer Gesellschaft erzeugen wollen.

Lassen Sie uns in unserem Alltag diesen Akteuren weiterhin das christliche Engagement entgegensetzen. Bekennen wir uns zu einem öffentlichen und offenen Diskurs. Streiten wir mit einem respektvollen und mutigen Einsatz in unserem Umfeld und auch in der Politik. Ich glaube, dass uns Gruppen wie Feuerwehr, Sanitäter, Polizei, Verwaltungsmitarbeiter und auch die politischen Ebenen brauchen. Wir brauchen eine offene Gesellschaft, die die Schwachen schützt und auch diejenigen, die als staatliche Organe an der Basis handeln.

Ich jedenfalls werde mich in meinem Einsatz für geflüchtete Menschen und andere Menschen, die den Einsatz brauchen, und auch in meiner Art, mein Amt zu führen, nicht ändern – sonst hätte die anonyme Hetze ihr Ziel erreicht, jedenfalls »im Kleinen«.

Friedens-Bilder und der Kirchentag als Friedensgeschichte

Julia Helmke

Friedensgeschichten. Das ist das Thema, das mir heute in dieser wunderschönen Kirche aufgegeben ist. In der Einladung zur Mitwirkung stand, es könne um politischen, gesellschaftlichen, kirchlichen, persönlichen Frieden gehe. Die persönliche Erzählung sei erwünscht und auch das Kennenlernen der Person, die vor Ihnen steht.

Als Generalsekretärin des Deutschen Evangelischen Kirchentages möchte ich mich Ihnen kurz vorstellen: Geboren und aufgewachsen bin ich in Altbayern, in der schönen Domstadt Freising. Mein Studium der Evangelischen Theologie führte mich nach Ost- und Westdeutschland, nach Südfrankreich und Costa Rica. Für mein Vikariat und erste Berufsjahre in der Gemeinde kehrte ich nach München zurück und studierte noch einmal: Kulturjournalismus und Filmkritik. Die bewegten Bilder faszinieren mich bis heute, und auch davon will ich heute erzählen: von der Kraft der Bilder als Dokumente, Erinnerungen, Ermahnungen und Ermutigungen zum Frieden.

2008 durfte ich als evangelische Pfarrerin bereits mitwirken bei einem Katholikentag unter dem Motto »Du führst uns hinaus ins Weite«. Als Kulturbeauftragte der hannoverschen Lan-

Julia Helmke

deskirche, zu der auch Osnabrück gehört, war ich mit dabei in der Projektgruppe Kultur, v. a. für das Filmprogramm, und moderierte einige Filmveranstaltungen. Am eindrücklichsten in Erinnerung ist mir in einem der schönen Osnabrücker Kinos die Vorstellung des dänischen Films »In deinen Händen« über eine junge Gefängnispastorin und die Frage, ob das, wie sie mit dem, was sie an Glaubenskraft bei einer verurteilten Mörderin erlebt, umgehen kann und wie sie sich selbst in einem schwierigen ethischen Konflikt als Christin verhält. Du führst mich ins Weite – im Gefängnis. Beim anschließenden Gespräch mit einer katholischen Gefängnisseelsorgerin war viel die Rede von dem, was nicht gesagt werden kann. Von der Macht und Ohnmacht von Worten, von zarten und verrohenden Worten – und vor allem von der Kraft, die Bilder, die Symbole gerade an solchen Orten und Situationen wie im Gefängnis besitzen, die zu Orten des Heils und des Unheils, des Unfriedens und Friedens zugleich werden können.

Friede als »Umfriedung«

Was ist Friede? Das biblische Wort des Friedens in der Bibel steht zugleich für Bilder. Bilder und Geschichten, Erfahrungen des Friedens. Das hebräische Wort für Frieden, *schalom*, bedeutet im umfassenden, »ganzheitlichen« Sinne Frieden, ein Unversehrtsein, Ganzsein, Heilsein; ein Friede im sozialen Bereich als Schutz derer, die besonders schutzbedürftig sind: Witwen, Waise, Fremde; Schalom ist da, wo Recht herrscht, Recht ge-

Friedens-Bilder und der Kirchentag als Friedensgeschichte

sprochen und durchgesetzt wird, als Gegenentwurf zu einer kriegerischen, unrechten, ungerechten Wirklichkeit/Situation. Schalom auch als Friede in der geschöpflichen Welt, als Zeichen des Kreislaufs von Säen, Wachsen, reicher/guter Ernte, die Fruchtbarkeit, die geschenkt wird. Schalom bedeutet, in Gemeinschaft mit anderen zu leben, auch ein geistliches Wachsen und Gedeihen.

Schalom ist der Friede des Volkes Gottes, eine »Umfriedung«, die Gott baut inmitten der so oft friedlosen Um-Welt. Biblisch wird das Wunder des Friedens oft in Bildern sichtbar, wenn Gerechtigkeit und Friede sich küssen, wenn die Wölfe bei den Lämmern weiden (Jes 11,6ff; 65,25) u.ä. Es sind Visionen, Wünsche, Gegenbilder, Heilmittel für friedlose Zeiten, um die Hoffnung, den Mut nicht zu verlieren. Worte, Bilder, Geschichten, die Erfahrungen überliefern aus der Vergangenheit, für die Gegenwart und in die Zukunft hinein.

Eine herausgehobene Rolle, solche Worte, Bilder, Erfahrungen und Geschichten zu speichern, weiterzugeben, (be-)greifbar zu machen, haben für mich die Künste. Dankbar gehöre ich selbst einer Generation an, die in Frieden aufwachsen durfte. Wie wenig selbstverständlich dies ist, hören, lesen und sehen wir täglich durch die Medien. Doch in diesen zählt zumeist der News-Wert, bleibt das, was Nicht-Friede bedeutet, oft sehr abstrakt und weit weg von mir.

In allen Künsten – den bildenden, den darstellenden, den literarischen – geht es um Erfahrungen, um Erfahrungen von Frieden und Unfrieden, also darum, ob eine heilsame schützende Umfriedung da ist oder nicht. Erfahrungen, die persönlich berühren, die uns aber auch als Gesellschaft bewegen und aufrütteln.

Eine besondere Umfriedung ist für mich die Kino-Leinwand. Der künstlerische Film ist für mich das Medium, in der Bewegung, Bild- und Tonebene auf einzigartige Weise zusammenkommen und Geschichten in Bewegung bringen. Deshalb konzentriere ich mich hier auf den Kinofilm und sein Verhältnis zum Frieden, seine Friedensgeschichten und seine Suche nach Frieden.

Von Beginn seiner Existenz gegen Ende des 19. Jahrhunderts an lebte das Kino in und durch Gegensätze. Die ersten Kinofilme, nur wenige Minuten lang, dienten der Belustigung oder der Belehrung und Bildung. Kurze Szenen mit Slapstickgeschichten, komödiantisch, zum Lachen, manchmal auch unterhalb der Schamgrenze, und daneben die »größte Geschichte aller Zeiten«, Verfilmungen des Evangeliums, Versuche der Annäherung an das Leben Jesu.

Eines der ersten langen Kunstwerke der Filmgeschichte ist dem Thema Frieden und Toleranz gewidmet: Das pazifistische Werk »Intolerance« von D. W. Griffith, im Jahre 1916 gedreht, zeigt in 197 (!) Minuten Szenen aus der Menschheitsgeschichte, von Babylon bis zu den Hugenottenkriegen. Es ist die Zeit des »Großen Krieges«, wie dieses Wüten, das Millionen Menschen in Europa und auch auf weiteren Kontinenten das Leben kostet, heißt, bevor innerhalb weniger Jahrzehnte dann der nächste große Krieg, der Zweite Weltkrieg, ausbricht.

Friede im Kino ist zumeist die Sehnsucht nach dem, was gefährdet, bedroht ist. Es gibt als ein eigens Genre »Kriegsfilme«, es gibt »Anti-Kriegsfilme«. Gibt es Friedensfilme?, frage ich Freunde, Kollegen aus dem Filmbereich und darüber hinaus. Natürlich, antworten sie und müssen dann doch überlegen. »Gandhi« ist für sie ein Friedensfilm, ja, und dann komme »Ferien auf Saltkrokan« in den Sinn. Das stimmt. In dieser wunderbaren Verfilmung eines langen schwedischen Sommers, aufgeschrieben von Astrid Lindgren, die erst als Fernsehserie, dann als Film ein Straßenfeger in Schweden, den nordischen Ländern und dann auch (West-)Deutschlands war, passiert nicht viel. Es ist Sommer, es sind Ferien. Friedliche Ferien, ein Idyll mit Hund und Großeltern und Meer, Sonne, immer genug zu essen. Mit Zeit, Freundschaft und Liebe.

Friedliches Zusammenleben zwischen den Generationen, in der Familie, mit anderen Geschöpfen ist begrenzt zumeist auf so genannte Kinderfilme. Hier ist es in Ordnung, dass nicht viel geschieht, d.h. nicht viel Action, Drama, es reicht zu zeigen, was schön ist, was der Seele guttut und dem Auge und dem Herzen. Denn das ist es. Frieden zu sehen, zu erfahren, ist schön und tut gut. Es reicht.

Und nun möchte ich Sie entführen in einen Friedensfilm, der schön ist und in dem doch alles nicht reicht – zu wenig Frieden, zu viel Krieg – und der mich so bewegt hat wie lange schon kein Filmkunstwerk. Und der auch auf diesem Katholikentag im Kulturprogramm zu sehen ist.

Julia Helmke

»Cahier africain« – ein Filmkunstwerk über das tägliche Ringen um Frieden

Noch ist alles dunkel. Nichts zu sehen. Nur zu hören. Es zirpt, es singt, ja es jubiliert. Ein Vogelkonzert, das anschwillt im Rhythmus der langsam sich in Tag verändernden Nacht. Langsam lassen sich Konturen erkennen, und dann geht sie auf, die Sonne. Nicht zart, sondern kräftig, ein feuerroter, blutroter Ball, und es ist Tag.

Ein Tag, der unter einem Baum beginnt. Ein beeindruckender großer Baum mit vielfachen Verästelungen, er bietet Schatten, und angelehnt zwischen Stamm und Wurzel sitzt Amzine, eine junge Frau, ganz entspannt. Ein zutiefst friedlicher Moment, ein schönes Bild des Friedens.

Ein friedlicher Tag? Ein friedlicher Tag – in der Zentralafrikanischen Republik, ein Land, von dem ich erst nachschauen musste, wo genau in Afrika es liegt. Ein Tag des Friedens in einem Land, das durch Krieg verwüstet, zerstört worden ist, ein Land, das um Versöhnung ringt, um Weiterleben, in der Hoffnung auf die Normalität des Friedens. Ein Land, das nach kurzer Atempause, trotz des Hoffens so vieler seiner Bewohnerinnen und Bewohner wieder in Unglück und Krieg gestürzt wird, weil manche, die nichts erleiden, sondern vom Nicht-Frieden, vom Krieg profitieren, es so wollen.

Amzine, die junge Frau unter dem Baum, leidet noch immer an den Folgen des Krieges, der 2002 das Land verheerte. Kongolesische Söldner hatten sie mehrfach vergewaltigt, die Erinnerung kommt immer wieder, nicht zuletzt durch ihre Tochter

Friedens-Bilder und der Kirchentag als Friedensgeschichte

Fane, mit der sie durch das Land zieht und nach Möglichkeiten sucht, für sich und ihr Kind so zu sorgen, dass es zum Leben reicht.

»Cahier africain« heißt der Film der schweizerischen Regisseurin Heidi Specogna, 2016 wurde er veröffentlicht, fünf Jahre ist gedreht, zehn Jahre vorbereitet worden. Viele Preise hat er gewonnen, so bin ich auf ihn aufmerksam geworden.

Ausgangspunkt ist ein Heft, ein einfaches Schreibheft, französisch: *cahier*, dem die Dokumentarfilm-Macherin Heidi Specogna auf einer Recherchereise begegnet und das sie nicht mehr loslässt. Viele Frauen und einige Männer haben aufgeschrieben, zum Teil aufschreiben lassen, was ihnen in den kriegerischen Auseinandersetzungen 2002 von kongolesischen Söldnern angetan wurde.

So vielen ist Gewalt angetan worden, so viele wollen/müssen berichten, dokumentieren, damit es nicht vergessen wird, dass jede Seite des Schreibheftes geviertelt wird, damit alle zu Wort kommen.

Das Schicksal jeder Frau, jedes Mannes auf einer Viertelseite kariertem Papier, der Text mit Kugelschreiber, dann ein Passbild oder ein anderes kleines zurechtgeschnittenes Bild von sich dazu. Als selbstgefertigtes Beweismittel, um nicht zu vergessen, nicht vergessen zu werden, um zugleich die quälende Erinnerung nicht nur mit sich herumtragen zu müssen, sondern einen Ort zu haben, wo sie abgelegt werden kann. Um nicht mehr nur Opfer und sprachlos zu bleiben, sondern die Hoheit, wie Geschichte geschrieben und erzählt wird, wiederzugewinnen, ihre Würde.

Von drei Frauen erzählt der Film, drei Geschichten aus diesem »Cahier africain«, das für diesen Moment in der Republik Zentralafrika steht, aber auch exemplarisch für all die Geschichten von Menschen, die in Frieden leben wollen und Krieg erleiden: von der Muslimin Amzine, von ihrer durch die Vergewaltigungen gezeugten Tochter Fane und von der jungen Christin Arlette, die schwere Schussverletzungen im Knie erlitt, in Deutschland, durch Hilfsorganisationen unterstützt, operiert wurde und jetzt wieder in ihrem Zuhause ihre Familie sucht, die durch den erneuten Krieg weiter vertrieben worden ist. Und immer wieder ist es der Baum, vor dem Amzine, Arlette und auch andere interviewt werden, wo sie erzählen können. Der Baum als Baum des Lebens, als das, was bleibt, was wächst, was beständig ist in all den Wirren.

Gerade die jugendliche Arlette rührt mich. Ein junges Mädchen, das in die Welt wachsen, die Welt entdecken will; das den Schmerz ihrer Verletzung spürt, weil er sich in Gehirn und Seele gebohrt hat. Ein Mädchen, eine junge Frau, manchmal unbeschwert lachend, dann wieder so zornig auf die Rebellen, die ihr aus Willkür das weggenommen haben, was ihr am meisten Freude macht – ihre geschenkte Kamera, die sie aus Deutschland mitgebracht hat. Die Kamera, mit der sie die Menschen, die ihr am Herzen liegen, fotografieren und in einem Steckalbum bei sich tragen kann. Sie hat Freude am Fotografieren, am Festhalten des Alltags, was sie bewegt, manchmal unbeschwert und dann wieder zu Tode traurig, aufgewühlt.

»Es ist doch allen egal, ob ich lebe oder nicht«, ruft sie einmal in einem Interview, und dann: »Ich kann den Krieg nicht mehr ertragen. Ich will Frieden. Wenn es keinen Frieden gibt, will ich nicht mehr leben!« Die Kamera hält den Ernst der Worte aus und dann, dann geht es doch wieder weiter. Mit einem Schwenk auf den Fluss, in dessen Nähe sie wohnt und der an diesem Tag im Abendrot erstrahlt, auf dem Menschen zum Fischen fahren und es ein Moment der Schönheit und der Ruhe ist.

Manchmal kommt beides zusammen, das Leiden und die Schönheit. Und das eine wird vom anderen nicht aufgehoben.

Der Film spannt sich über einen Zeitraum von über sechs Jahren. Im letzten Kapitel, im letzten Jahr spielt er in einem Flüchtlingscamp in Ruanda. Durch den Film hindurch ziehen sich Bäume als Leitmotiv, als Symbol des Lebens und für das, was bleibt. Beständig und Halt gebend.

Nun sind Bäume gefällt worden, um möglichst viel Platz zu haben für Flüchtlingsunterkünfte, für Zelte. Die Entwurzelung wird sinnbildlich, und doch: Auch hier gibt Amzine, die Mutter mit ihrer Tochter, nicht auf. Sie versucht einen Laden aufzumachen, eine kleine Hütte zu erwerben, um dort Waren zu verkaufen, sich den Lebensunterhalt zu verdienen. Eine winzige offene Hütte aus Stroh, aber doch ein Eigenes, ein gewisser Schutz und Halt.

Das letzte Bild ist wieder in der Nacht. Zuerst sieht man nichts, man hört den Regen, es regnet in Strömen. Und dann sieht man in der Mitte des Leinwandbildes ein Licht. Es scheint aus der einfachen Hütte heraus. Kerzen erhellen den kleinen Raum. Mutter und Kind sind im Trockenen, sind geschützt. Eine Umfriedung.

Es ist ein friedliches Bild. Ein Hoffnungsbild. So wie Kirche, die Institution Kirche wie auch die Kirchenbauten als Zeichen ein ähnliches Bild sein können. Ein Schutz und zugleich ein Fenster für Gottes Licht, das uns als Individuen in der Mitte des Leinwaldbildes erhellen, erleuchten, erwärmen will. Uns durchlässig werden lässt für Gottes Wirklichkeit in unserer Wirklichkeit.

»Cahier africain« ist und bleibt ein bedrückender Film. Er erdrückt uns jedoch nicht oder leitet an, wegzuschauen. Das ist die Meisterschaft von Heidi Specogna. Sie ist nahe bei den Menschen, und die Kamera, die zuweilen als »Auge Gottes« bezeichnet wird, ist nicht voyeuristisch oder von oben herab, sondern auf Augenhöhe.

Der Film bleibt ein Dokument für die Erinnerung und das Erlebte, Erlittene, wird Teil unseres kollektiven Gedächtnisses, ebenso wie der Schrei nach Frieden. »Manchmal«, so sagte es die Regisseurin mir bei einem Filmgespräch, »wollte ich aufgeben. Wer will solche Geschichten sehen, wer geht dafür ins Kino? Und doch machte ich weiter. Das war ich den Menschen schuldig, die sich für diesen Film zur Verfügung stellten, um nicht zu vergessen und nicht vergessen zu werden.« Dieser Film ist ein Erinnerungsspeicher wie das Schreibheft, das den Anstoß für den Film gab und nun beim Internationalen Gerichtshof in Den Haag liegt.

Wir dürfen nicht vergessen, was geschah und geschieht. Und wir dürfen und müssen weiter Friedensgeschichten erzählen und uns mitteilen. Als Klage, als Lob, als Dank und als Bitte mit bewegten Bildern als Visionen, die uns ganz prophetisch nähren und stärken, auch wenn sie uns verstören und stören.

Der Deutsche Evangelische Kirchentag als Friedensgeschichte

Ich möchte nun zu einer weiteren Vision von Miteinander kommen: Der Deutsche Evangelische Kirchentag, für den ich hier stehe, ist eine Friedensgeschichte und lebt von Friedensgeschichten, die auf ihm und mit ihm passiert sind. Davon möchte ich nun erzählen.

Kirchentag ist Zeitgeschichte, er gehört zur deutschen Zeitgeschichte, zur protestantischen Kirchengeschichte; viele sind schon einmal oder mehrmals beim Kirchentag gewesen, andere haben vielleicht davon gehört. Er steht exemplarisch, wirklich nicht ausschließlich, aber als eindrucksvolles Beispiel dafür, wie Christenmenschen sich mit der Frage, der Hoffnung nach Frieden auseinandergesetzt, darum gerungen haben, dafür eingestanden sind, mit Irrungen und Wirrungen. Große Kirchentage sind Friedensgeschichten, weil sie – hierin ganz ähnlich wie Katholikentage – Menschen zusammenbringen, fünf kurze intensive Tage lang. Wo Menschen sich friedlich begegnen, über Frieden nachdenken, Friedensbeispiele austauschen, Unfrieden miteinander beklagen, als große Gemeinschaft Formen finden und feiern. Wo Unfriede wie der Friede eine Form findet. Als Plattform, als Orientierung.

Erlauben Sie mir also einen kurzen Gang, einen Blick zurück auf eine Geschichte, die so alt ist wie die Bundesrepublik. Gegründet wurde der Deutsche Evangelische Kirchentag als Reaktion auf das Grauen und die Schrecken des Zweiten Weltkriegs.

Gründungsvater ist Reinold von Thadden-Triglaff, Jurist und Landwirt aus Ostpreußen, überzeugter Protestant und aktiv als Bürger in der Landespolitik während der Weimarer Republik. Er hatte als junger Mann den Ersten Weltkrieg als Soldat erlebt. Spätestens ab 1933 wandelt er sich von einem nationalistischen Gutsbesitzer und eher konservativen Lutheraner zu einem, der immer mehr danach fragt, was Jesus machen würde in dieser Situation. Er merkt, er kann seinen Glauben nur ernsthaft leben, wenn er sich für die und in der Gesellschaft engagiert. Zugleich wird sein Vertrauen auf Gott auch dadurch stärker, dass er Position ergreift. Von Thadden wird Mitglied der Bekennenden Kirche, mit Dietrich Bonhoeffer bekannt, wird wieder als Soldat eingezogen und gerät am Ende des Krieges in Kriegsgefangenschaft am Eismeer.

Dort entwickelt er erste Überlegungen, wie Christenmenschen sich neu organisieren müssen. Ökumenische Freunde holen ihn nach Genf, dort erholt er sich physisch wie psychisch. Er denkt mit bei den Ideen zur Entwicklung eines Weltkirchenrates, der 1948 dann in Amsterdam gegründet wird, aber auch für neue Formen in Deutschland.

Von den sich wieder konstituierenden Landeskirchen ist er enttäuscht; das ist ihm alles zu restaurativ, zu bürokratisch, zu wenig selbstkritisch, zu wenig politisch, vielleicht auch zu wenig

Friedens-Bilder und der Kirchentag als Friedensgeschichte

fromm – fromm in dem Sinne, wirklich auf Gottes Führung in Geschichte wie persönlichem Leben zu vertrauen.

1949 findet der Deutsche Evangelische Kirchentag dann zum ersten Mal statt, und zwar in Hannover. Er wird eine temporäre Einrichtung in Permanenz, wie es heißt. Und die Sorge um den Frieden, der Aufruf zur Versöhnung ist Gründungsmoment und bleibt ein wichtiges Zentrum.

Der Friede im Innern bedeutet vor allem die Bemühung, den vielen Heimatvertriebenen, die das Gefühl haben, nicht nur aus ihrer Heimat vor Ort, sondern auch aus ihren Gemeinden, ihrer geistlichen Heimat vertrieben worden zu sein, eine temporäre Heimat zu bieten und – wie das damals noch hieß – »Zurüstung« zu sein. Ein Ringen mit der eigenen Schuld, die vielleicht doch keine eigene war, aber doch eine gesellschaftliche. Ein Ringen mit der Frage, wie Gott das zulassen konnte – die Gräuel des Krieges und die Vertreibung; was ist Gottes Wille, wie kann wieder Schalom werden?

Der innere Friede in einem geteilten Land. Beim Kirchentag in Leipzig 1954 – noch ist das möglich, ein gemeinsamer Kirchentag in Ost- und Westdeutschland – kommt knapp eine halbe Million Menschen zum Schlussgottesdienst. Ein starkes Zeichen für ein Miteinander und zur Überwindung der Gegensätze, für die Hoffnung, dass Glaube verbinden kann und Grenzen überwindet. Es wird der letzte gemeinsame Kirchentag für lange Zeit sein.

Dann kommen die Fragen nach dem äußeren Frieden dazu – die Wiederbewaffnung, die Wiederaufrüstung, wie sich

Christen hierzu verhalten können und müssen. Was ist hier – überkonfessionell gedacht – christlicher Auftrag und Verantwortung für die Welt?

1971 gab es schon eine Art Vorläufer des ökumenischen Kirchentages, ein ökumenisches Pfingsttreffen, und auch da war Friede eine zentrale Frage. Spätestens hier wird deutlich, dass Friede nur gelingen kann, wenn wir das Geschenk erfahren, uns mit den älteren Geschwistern im biblischen Glauben versöhnen zu dürfen. Viel kann gelingen im jüdisch-christlichen Dialog über die Besinnung auf die Bibel, auf die biblische Botschaft, auf die Lieder und Gebete der Psalmen, die uns allen gemeinsam sind.

Kein Friede ohne Gerechtigkeit

Spätestens ab den 1970er-Jahren kam die Wahrnehmung dazu: Friede und Gerechtigkeit gehören zusammen. Wir haben hier in Deutschland und in Europa einen äußeren Frieden, hochgerüstet, aber erst einmal haltend, aber um welchen Preis? Uns geht es materiell gut, aber um welchen Preis?

Dass Menschen auf anderen Kontinenten verhungern, verdursten, in Wirtschaftskriegen untergehen, das geht auch uns etwas an, weil wir es über unser Wirtschafts- und Handelssystem mitverantworten. Friede kann nicht nur zwischen Ost und West, sondern muss auch zwischen Nord und Süd stattfinden, auf dieser einen Welt. Es geht um einen gerechten Frieden, um soziale Gerechtigkeit und Friedfertigkeit.

Friedens-Bilder und der Kirchentag als Friedensgeschichte

In all diesen Jahren gibt es kluge Vorträge und Auslegungen zum Thema Frieden beim Kirchentag: Visionäres, Prophetisches, zuweilen ausbalanciert und bestens abgewogen, dann wieder wütend und parteiisch ob aller Komplexität, die Friede für diese Welt mit sich bringt. Oft jedoch auch so theoretisch, dass der Kopf zwar vielleicht erreicht wird, aber das Herz und die Seele zurückbleiben.

Friede bleibt wie viele andere existenzielle Begriffe – wie Liebe, Barmherzigkeit, Gerechtigkeit – abstrakt, fast beliebig, wenn er nicht gefüllt wird mit Erfahrungen. An den Frieden muss man glauben, heißt es in einem muslimischen Gebet. Friede wird wahr, wenn er konkret wird, persönlich, anschaulich mit Bildern, die sich auf die innere Netzhaut brennen und uns zum Leuchten, zum Brennen bringen, wenn wir berührt werden.

1981 und 1983 waren Kirchentage, die Geschichte schrieben, Friedensgeschichte schrieben. Die Älteren mögen sich noch erinnern, Jüngere können es sich vorstellen oder hören es jetzt zum ersten Mal. Es war die Zeit, in der für manche ein Dritter Weltkrieg nicht mehr weit entfernt schien. Waffen mit Atomsprengköpfen wurden auf dem Gebiet Westdeutschlands installiert, der Kalte Krieg war auf einem Höhepunkt. »Fürchte Dich nicht« war die Losung, das biblische Motto des Kirchentages 1981 in Hamburg. Viele, gerade junge Besucherinnen und Besucher hatten Stirnbänder, Schals, auf denen »Angst« stand. »Fürchte Dich nicht« – das war ihnen als Losung zu positiv. Sie wollten zeigen, wie es in ihnen aussah; sie wollten nicht nur über ihre Sehnsucht nach Frieden, ihren Angst vor Unfrieden und Krieg sprechen, sondern wollten aktiv mitgestalten. Es war ein Kirchentag, der so politisch war wie kaum einer. Politiker, die beschwichtigen wollten, die den Einsatz von Waffen in Deutschland rechtfertigten, wurden ausgebuht, mit Eiern, Tomaten u. a. beworfen. Die Zeit für fromme Kompromisse schien erst einmal vorbei.

Der Kirchentag als Lern-Geschichte des Friedens

1983 kam dann der nächste Kirchentag in Hannover. Und die, die sich »Angst« auf ihre Stirnbänder geschrieben hatten, wollten einen Schritt weitergehen, Position beziehen, fordern, als Christenmenschen. »Die Zeit ist da für ein Nein ohne jedes Ja zu Massenvernichtungswaffen« stand auf den »Lila Tüchern«. Und darüber: »Umkehr zum Leben«. »Umkehr zum Frieden« hätte es auch heißen können. Die Lila Tücher waren keine offizielle Aktion der Kirchentagsleitung, sondern sozusagen »von unten«.

Einer meiner Vorgänger im Generalsekretariat wollte die Lila Tücher sogar verbieten bzw. mahnte alle Besucher und Referenten ernsthaft an, kein solches Tuch zu tragen, um nicht gegebenenfalls eine Eskalation anzuheizen. Es war eine Stimmung, wo nicht klar war: Wie weit können und wollen wir gehen, was kann, was muss man erlauben, was nicht, gibt es eindeutige Positionen von Christen zum Frieden oder ist vieles möglich?

In dieser sehr angespannten Situation vor 35 Jahren geschah etwas sehr Besonderes: Die Stimmung wurde von Tag zu Tag besser, entspannter, man blieb friedlich. Redete miteinander,

Friedens-Bilder und der Kirchentag als Friedensgeschichte

hörte zu, respektierte einander, auch wenn die jeweilige andere Position inhaltlich nicht akzeptiert wurde. Pazifisten und Soldaten kamen ins Gespräch. Und die Lila Tücher wurden zum Zeichen einer entstehenden christlichen Friedensbewegung, die nicht ausschloss, sondern einschloss: Christenmenschen wie andere Menschen, die Frieden suchten, über die Konfessionen hinweg, als gemeinsames Bekenntnis. Am Schluss trug sogar der Kirchentagspräsident ein lila Halstuch im Abschlussgottesdienst. Ein Exemplar habe ich Ihnen heute mitgebracht. Es steht für das, was Schalom Ben-Chorin schrieb:

Wer Frieden sucht
wird den anderen suchen
wird Zuhören lernen
wird das Vergeben üben
wird das Verdammen aufgeben
wird vorgefasste Meinungen zurücklassen
wird das Wagnis eingehen
wird an die Änderung des Menschen glauben
wird Hoffnung wecken
wird dem anderen entgegenkommen
wird zu seiner eigenen Schuld stehen
wird geduldig dranbleiben
wird selber vom Frieden Gottes leben
Suchen wir den Frieden?*

---

* Abdruck mit freundlicher Genehmigung der © Schalom Ben-Chorin Rechtsnachfolger.

Geduldig dranbleiben. Das ist es, das gehört zu dem Prozess dazu. Nach dem Aufbruch 1981, 1983 folgte 1985 der Ruf nach einem Ökumenischen Konzil des Friedens. Carl Friedrich von Weizsäcker hat das auf dem Kirchentag in Düsseldorf proklamiert. Wir haben keine Zeit. Wir brauchen ein Treffen aller Christen für Gerechtigkeit, für Frieden.

Daraus entstand der Konziliare Prozess für Frieden, Gerechtigkeit und Bewahrung der Schöpfung. Mit wichtigen Konferenzen in Basel, Graz und Sibiu / Hermannstadt. Schritte für einen Friedensprozess in Europa – Europa eine Seele geben – der Blick nach Mittel- und Osteuropa.

Ein Prozess, der immer noch aktuell ist und bleibt. Der Friede auf dieser Welt, Gerechtigkeit und Bewahrung der Schöpfung sind bedroht. Aktuell. Bleibend. Die Friedensboten, die vor 370 Jahren zwischen Münster und Osnabrück geritten sind, sind noch nicht aufgebrochen, weder in Syrien noch im Kongo, im Sudan, in der Ukraine und an so vielen anderen Orten.

Manche Aufbruchsstimmung der 1980er-Jahre ist verflogen, vielleicht weil das Gegenüber, die Bias »das ist gut, das ist schlecht, Freund oder Feind, USA oder UdSSR« so nicht mehr existiert. So wie unsere Welt durch Globalisierung und Digitalisierung ausdifferenzierter geworden ist, so ist es auch mit dem Frieden – mit dem, was dem Frieden dient und was eher nicht. Andererseits bleibt es klar, einfach und deutlich, wie es Schalom Ben-Chorin, der den Frieden im Namen trägt, einer der großen Religionsgelehrten, Theologen, Versöhner des 20. Jahrhunderts

Friedens-Bilder und der Kirchentag als Friedensgeschichte

in seinem Gedicht zum Frieden als Summe seines Lebens formuliert hat. Suchen wir den Frieden. Das verbindet uns als Christen aller Konfessionen, das verbindet uns mit dem Judentum, mit dem Islam, mit dem Friedensgebot aller Weltreligionen und mit allen Menschen guten Willens. Das ist unser gemeinsamer Auftrag, die Anfrage, die Gott bleibend an uns stellt und auf die wir antworten müssen: Sucht ihr den Frieden?

Suchen wir ihn. Im Kino und auf den Kirchentagen und Katholikentagen. In der Kirche und für die Gesellschaft. Als Vision, als Erinnerungsspeicher und als lebensnotwendige Umfriedung.

Danke für die Aufmerksamkeit und jetzt schon: herzliche Einladung zum nächsten Deutschen Evangelischen Kirchentag 2019 nach Dortmund mit der Losung »Was für ein Vertrauen« und dann 2021 zum dritten Ökumenischen Kirchentag in Frankfurt am Main.

Dem Frieden dienen – als investigativer Journalist

HANS LEYENDECKER

»Dem Frieden dienen – als investigativer Journalist«. Das ist das Thema, das mir heute in dieser wunderschönen Kirche aufgegeben ist. In der Einladung zur Mitwirkung stand, es könne um politischen, gesellschaftlichen, kirchlichen, persönlichen Frieden gehen. Die persönliche Erzählung sei erwünscht.

Gestatten Sie mir bitte, dass ich dennoch erst einmal mit Definitionen beginne. Ich bin Journalist und seit Jahrzehnten im Bereich Investigation unterwegs. »To investigate« bedeutet: ermitteln, untersuchen, nachforschen. Im Duden wurde das Wort erstmals 1999 aufgeführt, obwohl es in Amerika im journalistischen Sprachgebrauch schon viel länger existierte. Investigativer Journalismus bedeutet Schreiben gegen Widerstände und Barrieren und solcher Journalismus muss gesellschaftlich von Bedeutung sein, das ist der Kern. Was nicht gesellschaftlich von Bedeutung ist, kann auch nicht, so gut oder interessant es auch immer sein mag, investigativer Journalismus sein.

Ich würde gern zunächst über die Wirklichkeit sprechen, über die ich angeblich oder tatsächlich berichte. Was ist die Wirklichkeit?

Dem Frieden dienen – als investigativer Journalist

Wir erleben in diesen Tagen eine extreme Polarisierung bei der Sicht auf die Wirklichkeit. Das ist auch bei der Betrachtung des Journalismus so.

Ein Teil des Publikums fühlt sich von Denkverboten umstellt. Die anderen rufen sofort: »Nazi!« Häufig wirft man sich gegenseitig vor, die Wirklichkeit nicht zu kennen. Was der andere sage, was er behaupte, sei doch absurd.

Früher war das so: Wenn Menschen einem anderen Menschen erklären wollten, was absurd sei, stellten sie gern eine Frage: Was war zuerst da, das Huhn oder das Ei? Damit wollten sie sagen, dass die Frage wirklich unsinnig sei. Und mit der Huhn-Ei-Frage wollte man oft nur beweisen, dass der, der eben geredet hatte, Unsinn rede.

Es gab eine Zeit, da wurde die Frage, was zuerst da war, das Huhn oder das Ei, sehr ernst genommen.

Es gibt eine »Predigt vom edlen Menschen« von Meister Eckhart, der im 14. Jahrhundert in Paris und in Köln lehrte. Der hat die Frage so beantwortet: »Die Natur macht den Mann aus dem Kind und das Huhn aus dem Ei. Gott aber macht den Mann vor dem Kind und das Huhn vor dem Ei.« – Ich will Sie nicht mit europäischer Mystik langweilen, sondern nur darauf hinweisen, dass es viele Möglichkeiten geben kann.

Meist begegnet uns das Leben aber nur verschwommen, verschleiert, verzerrt. Warum tun wir dann oft so, als sei eigentlich alles glasklar, als hätten wir den totalen Durchblick? Nehmen wir Journalisten uns zu wichtig? Was ist eigentlich Aufklärung? Alte Lexika weisen darauf hin, dass der Begriff mit Klarheit und mit Klären zu tun hat. Aufklärung heißt demnach, eine Sache klar, hell und verständlich zu machen. Manchmal meint das Wort auch klarlegen, klarstellen.

Kämpfen wir Journalisten ausreichend gegen Vorurteile, gegen Autoritätsdenken? Stellen wir die Dinge wirklich klar? Im 18. Jahrhundert war Aufklärung ein philosophischer Terminus. Vertreter der Aufklärung kämpften gegen Aberglauben, Vorurteile und Verzerrung der Wirklichkeit. Es ging um das Wort und wie man mit dem Wort umgeht. Meist leichtfertig – das ist meine Erfahrung.

Vieles scheint im digitalen Zeitalter neu, doch tatsächlich geht es immer noch auch um die alten Themen: Wahrheit, Lüge, Aufhellung, Bloßlegung, Vertrauen, Zuversicht, aber auch Verunsicherung. Wem kann man noch trauen? Trauen wir uns selbst noch?

Wir fragen uns in diesen Tagen manchmal, in welchen Ländern gerade wieder die Demokratie und die Aufklärung unter die Räder kommen. Wir ringen noch um Worte, um zu beschreiben, was an vielen Orten passiert. Aber weil wir auf alles gleichzeitig auch eine Antwort haben, nennen wir das sofort »postfaktisches Zeitalter« und sprechen von »fake news«.

Meister Eckhart hat mit seinem Huhn-Beispiel klargemacht, dass es mit den eindeutigen Festlegungen auch ganz schön schwierig sein kann. Platon-Kenner wissen, dass der Philosoph in seinem Werk über die Bestandteile der angeblichen Wirklichkeit geredet hat. Und er hat damals gesagt, sie seien nur Schatten der Ideen für die Dinge, so wie sie vor unseren Augen liegen. Wer diese angebliche Wirklichkeit erzählt, der macht folglich Schatten vom Schatten.

Dem Frieden dienen – als investigativer Journalist

Schatten vom Schatten, das ist für meinen Beruf ganz wichtig, weil es das Gegenteil von absoluter Gewissheit ist. Weder Platon noch Meister Eckhart noch die vielen anderen, auf deren Schultern wir stehen, wären auf den Gedanken gekommen, dass es mal eine Gesellschaft geben würde, in der nicht mehr die Begriffe »wahr« oder »unwahr« die entscheidende Rolle spielen würden, sondern »gefällt mir« oder »gefällt mir nicht«. Was mir gefällt, ist wahr, was mir nicht gefällt, ist unwahr. So ungefähr ist heute unsere Lage.

Seit fast 40 Jahren berichte ich über Affären. Flick, Parteispenden, Steueraffären, Sportaffären, Geheimdienstaffären, Waffenhandel, Korruption – diese Reihe ließe sich fortsetzen. Habe ich dabei dem Frieden gedient? Und wenn ja, welchem Frieden?

Ich habe da so meine Zweifel. Früher, wenn jemand aufgrund der Veröffentlichungen zurücktrat, sagte ich gern, ich hätte berufsverändernd gewirkt. Das fand ich originell, das fand ich schlau. Heute weiß ich, dass diese Formulierung auch etwas Verächtliches hat. Der Terminus der Berufsveränderung umschreibt einen dramatischen Eingriff in das Leben eines anderen Menschen.

Was richte ich an? Darf ich das überhaupt? Solche Fragen muss man sich als Journalist immer wieder selbst stellen. Mir ist es passiert, dass auch in viel kleineren, für mich unbedeutenden Fällen Leute, über die ich mal berichtet und deren Geschichte ich vergessen hatte, nach ein, zwei Jahren auf mich zutraten und fragten, warum ich dieses oder jenes über sie geschrieben hätte. Oft konnte ich mich zunächst nicht mal an die Geschichte erinnern, manchmal sogar nicht mehr an die Leute. Dann holten sie den Artikel, der sie nicht losgelassen hatte, aus der Tasche. Ich sollte das nochmal lesen. Sowas macht nachdenklich.

Bei der Vielzahl der Affären, mit denen ich es als investigativer Journalist zu tun hatte, sind einige geblieben, zu denen ich mich auch heute noch ohne Wenn und Aber bekenne.

Da war meine erste große Geschichte – die Flick-Affäre. Einer der damals bedeutendsten Konzerne der Republik, der Flick-Konzern, hatte die Republik inventarisiert, um eine große Steuerbefreiung zu erreichen. Die Wichtigen und sogar die weniger Wichtigen waren mit Barem ausgestattet worden. Und im Rahmen dieser Geschichte wurde auch deutlich, dass die bürgerlichen staatstragenden Parteien am Staat vorbei von Geldern profitiert hatten, die von Unternehmen über vorgeblich gemeinnützige Stiftungen nach Liechtenstein oder in die Schweiz geschleust worden waren. Schatzmeister der bürgerlichen Parteien holten das Geld zurück, als wären sie Butter-Schmuggler. Der Fiskus wurde betrogen. Und als sie alle erwischt wurden, planten die Strategen der Parteien eine Amnestie. Die wurde von uns Journalisten verhindert. Zu dieser Geschichte, die ich jahrelang recherchiert habe, kann ich mich heute noch leicht bekennen.

Ich will Ihnen eine weitere Geschichte nennen. Es gab eine Zeit, da hat ein kleiner Teil der deutschen Wirtschaft den irakischen Diktator Saddam Hussein mit Material und Waffen ausgestattet, richtigen Waffen und vor allem dual-use-Waren, die sowohl zivil als auch militärisch zu verwenden sind.

Mit Material zur Raketenreichweitenverlängerung, zum Aufbau von Chemiewaffen und Material für Atombomben. Wir haben darüber frühzeitig berichtet. Die irakische Botschaft hat mich damals eingeladen, ich möge doch in das Land kommen und mir anschauen, was da in Falludscha, Samarra oder Bagdad wirklich produziert werde. Dann werde sich herausstellen, dass ich von Informanten reingelegt worden sei. Ich habe die Einladung abgelehnt. Ein britischer Kollege, der auch in dem Thema gut drin war, ist der Einladung gefolgt. Er hat Fotos machen dürfen und ist danach wegen angeblicher Spionage zum Tode verurteilt und hingerichtet worden.

Es gab den Golfkrieg I, und danach fanden Waffen-Inspektoren heraus, dass unsere Geschichten, die in den USA damals in den Nachrichten vorkamen und den amerikanischen Senat bewegten, alles in allem richtig gewesen waren. Über all das haben mein Kollege Richard Rickelmann und ich ein Buch mit dem Titel »Exporteure des Todes« gemacht, das in mehrere Sprachen übersetzt wurde. Ein Bestseller.

Und dann war da der 11. September 2001; die damalige Regierung des George W. Bush behauptete, dass der Irak enge Verbindungen zur Terrororganisation al Quaida gepflegt habe, viele Terror-Verbindungen unterhalte und erneut Massenvernichtungswaffen produziere. Das war, wie Sie wissen, falsch. Das war eine Lüge. Ich habe darüber geschrieben. Auch in einem Buch mit dem Titel »Die Lügen des Weißen Hauses« habe ich versucht, zu beschreiben, wie amerikanische Politiker das eigene Volk und die ganze Welt manipulierten und betrogen, um einen neuen Krieg gegen Saddam Hussein führen zu können. Wie eine kleine Gruppe von Ultrakonservativen personell und ideologisch die Schaltstellen der Bush-Administration eroberte und eine regelrechte Lügenfabrik errichtete, das stand in dem Buch. Habe ich dem Frieden gedient? Eher nicht.

Und dann gibt es Fehler, Versagen in meiner Berufslaufbahn, für die ich mich heute immer noch entschuldige. Der größte Fehler war die Berichterstattung über einen Zugriff der GSG 9 in Bad Kleinen. Wenn Sie mögen, können wir nachher darüber noch reden. Es gab auch andere Dinge, auf die ich gar nicht stolz bin.

Wir müssen aber, wenn wir über investigativen Journalismus reden, auch über Sie reden. Über die Leser, die Hörer, die Zuschauer. Eine revolutionäre Technologie – das Internet – verschafft uns in der Menschheitsgeschichte früher unbekannte Möglichkeiten zur Information und Verifikation. Sie ermöglicht aber auch eine Reise, auf der Menschen nur noch nach Bestätigung für das suchen, was sie glauben wollen. Menschen wissen mehr denn je über die Welt und ziehen sich doch in die eigene Welt zurück. Diese Technologie gibt uns neue Möglichkeiten, aber sie hat auch die Fluttore für Verleumdungen, Müll, Lügen und Halbwahrheiten geöffnet. An dem Müll wird übrigens gut verdient, und dazwischen hockt der Journalist. Ob er nun investigativ arbeitet, nur so tut oder ganz anderes macht. In dieser Welt verbreitet sich die Lüge mit der gleichen Geschwindigkeit wie das sorgsam Recherchierte. Und manchen Menschen ist es auch völlig egal, weil man doch den Medien sowieso nicht mehr trauen kann.

Ich bin, Sie wissen das, im vergangenen Jahr zum Präsidenten des Deutschen Evangelischen Kirchentages 2019 in Dortmund gewählt worden. Und wir haben eine wunderbare Losung für diesen Kirchentag gefunden: »Was für ein Vertrauen«. Diese Losung macht es uns in einer fiebrigen und fiebernden Welt möglich, über das Überwinden der grassierenden Vertrauenskrise zu reden. Es gibt vieles, das wie eine Säure wirkt, die das Vertrauen in den Zusammenhalt der Gesellschaft zerstört. Journalisten haben auch die Aufgabe, für den Zusammenhalt der Gesellschaft zu sorgen. *Wir Journalisten* – ich tue mich mit dieser Formulierung nicht leicht, denn *wir Journalisten* meint auch solche, die Fotos von toten Kindern nach einem Unfall oder einem Anschlag für ein Boulevardblatt besorgen.

Wir erleben immer wieder Exzesse des vorgeblich / vermeintlich / tatsächlich seriösen Journalismus; ich will Ihnen das mit zwei Beispielen erklären:

Das erste Beispiel ist der Fall des ehemaligen Bundespräsidenten Christian Wulff, den viele nicht leiden konnten. Wir erlebten Medien, die keinem Lager angehörten, sondern nur ein Ziel hatten – den Mann fertigzumachen. Er sollte erledigt werden.

Wie Sie sich sicherlich noch erinnern können, hatte die Staatsanwaltschaft in Hannover gegen Wulff ermittelt, die Strafverfolger stützten sich zum Teil auf die Verdachtsberichterstattung der Medien, über 20 Kriminalbeamte und vier Staatsanwälte waren mit dem Fall befasst. Etwa 20.000 Seiten kamen zusammen. Es war ein Ermittlungsexzess, und übrig blieb nichts. Der tiefe Fall des Christian Wulff zeigte vieles. Er demonstrierte, wie sich die Medienzyklen immer mehr beschleunigen. Oft gibt das Internet den Takt vor; rund um die Uhr wurden

Hans Leyendecker

Wahrheiten, Teilwahrheiten, Gerüchte, Lügen unter die Leute gebracht, und sie traten noch auf ihn ein, als er schon am Boden lag. Es hagelte Absurditäten. Ein großer Verlag schrieb damals an die Anwälte von Wulff ganz offiziell folgende Anfrage: »Trifft es zu, dass Christian Wulff bei der Schülerratswahl an seinem Gymnasium in Osnabrück Schüler der Unterstufe mit After-eight-Schokolade kaufen wollte«? Was für eine Anmaßung.

Wenn wir uns alle derart auf den Prüfstand stellen würden, was bliebe von uns? Haben sich Medien, die ihn erledigen wollten, entschuldigt? Haben sie eingeräumt, dass sie etwas falsch gemacht haben? Ich habe nur in Erinnerung, dass Journalisten danach lediglich erklärt haben, Wulff habe als Bundespräsident nicht getaugt. Die *Bild*-Berichterstatter wurden damals mit einem der bedeutendsten Preise, dem Henri-Nannen-Preis, für ihre Wulff-Berichterstattung ausgezeichnet. Nun muss ich dazu sagen, dass ich seit vielen Jahrzehnten Bildzeitungsgegner bin. Ich kaufe keine *Bild*, lese *Bild* nur, wenn sie im Zug rumliegt. Da bin ich meinem Freund Klaus Staeck treu geblieben, der das auch von mir erwartet. Wenn Klaus Staeck mich jemals mit einer *Bild*-Zeitung erwischen würde, die ich gekauft hätte, würde er sehr böse reagieren.

Die *Süddeutsche Zeitung*, für die ich schreibe, sollte damals auch in der Sparte Investigation den Preis bekommen, ihn sich halbe-halbe mit der *Bild* teilen. Ich erinnere mich noch, wir hatten investigativ erfahren, dass wir – die *SZ*-Redakteure Nicolas Richter, Klaus Ott und ich – mit den *Bild*-Leuten den Preis annehmen sollten, und wir haben das abgelehnt. Dafür haben wir Beifall bekommen, aber auch viel Kritik.

Es ging uns um Grundsätzliches: Der Versuch der Aufdeckung von angeblichen oder tatsächlichen Missständen darf nicht zu einer Jagd ausarten. Pressefreiheit ist nicht die Freiheit von Leuten, die andere jagen wollen, die andere fertigmachen wollen und die irgendeinen Rücktritt erreichen wollen. Wenn ein Rücktritt, der lebhaft gefordert wird, nicht erfolgt, ist das kein Angriff auf die Freiheit der Presse. Vielleicht ist es richtig, dass jemand bleibt.

Der zweite Fall hat mit einem Mann zu tun, der vor knapp einem Jahr gestorben ist. Er hat gelegentlich über mich gesprochen, und das, was er über mich sagte, war eigentlich nie so nett. Er nannte mich gern den »kriminellen Journalisten Leyendecker« oder den »Bad-Kleinen-Journalisten«. Dieser Mann war Dr. Helmut Kohl. Wir hatten eine lange gemeinsame Geschichte.

Ich hatte im Rahmen der Arbeit über Geldwaschanlagen und Parteien früh viel über Rheinland-Pfalz berichtet, wo in der Amtszeit des ehemaligen Ministerpräsidenten Helmut Kohl diese Geldwaschanlagen vom Fiskus ungestört ihre Geschäfte gemacht hatten. Und es gab 1999 die Parteispendenaffäre, und Dr. Kohl gab den Ehrenvorsitz der Partei, der ihm wichtig war, unter dem Druck der Geschichte ab.

Mit der Berichterstattung verbunden war eine Korruptionsaffäre im Zusammenhang mit der Raffinerie Leuna; man behauptete jedenfalls, es sei eine Affäre. Der französische Konzern Elf Aquitaine hatte die Leuna-Werke gekauft und ehemalige Manager des Konzerns, gegen die wegen Korruptionsgeschichten in Gabun ermittelt wurde, behaupteten auf dem Höhepunkt der Kohl-Affäre plötzlich, sie hätten auch die CDU und Kohl geschmiert. Viele Blätter, viele Sender haben darüber berichtet, und die Vorwürfe bekamen neue Nahrung, weil eine Pariser Richterin und ein Genfer Generalstaatsanwalt der deutschen Justiz vorwarfen, sie traue sich nicht, gegen Mächtige in Deutschland ernsthaft zu ermitteln.

Ich habe ebenso wie andere Journalisten über die Behauptung der französischen Richterin berichtet. Und dann ergab sich für mich die Gelegenheit, die Akten zu lesen, auf die sich die Richterin und die Strafverfolger bei ihren Vorwürfen gestützt hatten. Es zeigte sich rasch, dass es sich um ein Missverständnis handelte. Zwar hatten Christdemokraten Geld bekommen, aber es handelte sich um zwei ehemalige Politiker, die als Lobbyisten arbeiteten. Ich habe, nachdem ich die Akten hatte auswerten können, über sie berichtet und geschrieben, dass die Vorgänge um Leuna anders gewesen seien. Helmut Kohl habe damit nichts zu tun.

Das erregte Aufmerksamkeit. Sie müssen sich das so vorstellen: Diese Parteispendenaffäre war für die *Süddeutsche* auch eine große Geschichte, weil wir allen eins voraushatten: Ich hatte durch jahrelange Arbeit die Expertise und wir hatten auch die entscheidenden Unterlagen über die tatsächlichen Parteispendenfälle. Und dann erschien plötzlich eine Geschichte, in der drinstand, dass es sich offenbar um ein *kick back* der französischen Manager gehandelt hätte. Nichts mit Kohl, die Manager hätten einfach nur behauptet, die CDU habe das Geld bekommen, um von ihren eigenen Sauereien abzulenken.

Nun sind die Leser der *Süddeutschen Zeitung* gewöhnlich die nettesten, freundlichsten, engagiertesten Leser. Was haben einige der wunderbarsten Leser, die man haben kann, gemacht? Sie schickten mir Briefe, Faxe, und protestierten. Lange hätten sie geglaubt, ich sei ehrlich bemüht, die Wahrheit herauszufinden. Aber jetzt sei klar, dass ich gekauft, faul, dämlich und/oder korrupt sei. Offenbar habe mich die CDU geschmiert, damit ich die Unwahrheit sage.

Die kollektive Phantasie, meine Damen und Herren, braucht immer neue Opfer, immer neue Täter, und vor allem braucht sie klare Verhältnisse. Überall Übeltäter und Schufte, die ständig enttarnt werden müssen. Ein guter Journalist schreibt das, was ich denke. Ein schlechter Journalist schreibt nicht, was ich denke. Es ist viel schwieriger, Leute zu finden, die etwas Neues hören wollen, als Leute zu finden, die etwas Neues zu sagen haben.

Wer Politiker unter Generalverdacht stellt, ruiniert ebenso das Vertrauen in die Demokratie, wie es jene Politiker tun, die den Verdacht im Einzelnen bestätigen. Auch tatsächlich oder angeblich investigativ arbeitende Journalisten können irren, daneben liegen, falsch liegen.

Neben den beiden angeführten Beispielen ließen sich weitere Fälle nennen, wie der angebliche »Barschel-Fall«, der ganz anders war, als die meisten meinen. Ich will dazu nur knapp sagen: Barschel war weit mehr Opfer als Täter. Die Reihe der Irrtümer und Falschdarstellungen, die nie korrigiert wurden, könnte man lange fortsetzen.

Und dann gibt es den Journalismus der Ökumene: Journalisten aus aller Welt arbeiten zusammen, um gemeinsam einen Fall aufzuklären. Für mich ist das immer wieder eine Sternstunde meines Berufes. Ich hatte mit den »Panama Papers« etwas zu tun, weil ich der Chef des Ressorts war, das diese Geschichte ausgegraben hatte. Ich kam erst sehr spät in die Auswertung rein, weil all das, was es an neuen Techniken gibt, mir fremd geblieben ist (manche alten Säcke beherrschen das alles perfekt; mir geht es nicht so). Aber es gehörte mit zu den größten Ereignissen in meinem Beruf, dass ich an einer der Konferenzen teilnahm.

Drei große Konferenzen fanden damals statt, bei der Journalisten, die gemeinsam an dieser Geschichte arbeiteten, zusammenkamen: eine in Washington, eine in Afrika und eine in München. Es war, als wenn wir alle eine Mannschaft wären. Ein Welt-Team. Journalisten standen in Reihe auf und stellten sich vor: Mein Name ist so und so, ich komme aus Venezuela. Und der Nächste tritt auf und sagt, mein Name ist so und so, ich komme aus Israel. Und dann steht noch einer auf und noch einer, und die Moskauer Kollegen erzählen, das sei für sie eine ganz wichtige Geschichte, aber sie müssten morgens immer aufpassen, wie sie zur Arbeit gingen, nie den gleichen Weg. Weil auf dem Weg zur Arbeit schon mal etwas passieren könnte. Spätestens dann begreift man, dass Journalismus nicht nur ein Geschäft ist. Und da war noch ein Kollege aus Island, der später im Fall »Panama Papers« Geschichte gemacht hat, weil er den Ministerpräsidenten stürzte. Sie haben vielleicht die Bilder noch im Gedächtnis, die zeigen, wie er mit einem schwedischen Kollegen den Ministerpräsidenten in die Enge trieb.

Dem Frieden dienen – als investigativer Journalist

Für jemanden, der lange in diesem Beruf ist – mit all den Schwächen, die man selbst hat, mit all den Fehlern, Missetaten, die man begangen hat –, war es wirklich ein großes Erlebnis, sehen zu können, wie sich weltweit Menschen zusammentun, um gemeinsam an einem solchen Thema zu arbeiten. Um gemeinsam zu sagen, es ist nicht richtig, wenn da jemand gegen Gemeinwohl verstößt. Es ist nicht richtig, wenn jemand Sanktionen bricht. Es ist nicht richtig, wenn jemand korrupt ist. Es ist nicht richtig, dass es so eine Firma wie Mossack Fonseca gibt, die jeden Schurken auf dieser Welt deckt. Für mich war es eines der ganz großen Ereignisse.

Es gibt auch JournalistInnen, die in ihrem Beruf, der Berufung sein kann, ihr Leben riskieren. Wir erinnern uns an die Kollegin in Malta, die buchstäblich weggebombt wurde. Wir erinnern uns an die KollegInnen in Mexiko, die immer wieder von der organisierten Kriminalität verfolgt werden. Neulich sind wieder vier Journalisten ermordet worden. Wir erinnern uns an die Kollegen in der Türkei – ich könnte viele andere Beispiele nennen. Und Kollegen von mir arbeiten die Fälle toter Journalisten auf. Das ist bester Journalismus.

Und es gibt eine erstaunliche Nachricht: Dem investigativen Journalismus geht es nach Jahren der ökonomischen Krise gut, ja es geht ihm besser denn je. Das hat zu tun mit einem Mann, über den wir noch gar nicht gesprochen haben: Donald Trump. Die großen Blätter in den USA suchen händeringend nach investigativen Journalisten, die jeden Tag verfolgen, was Trump twittert, die gegenrecherchieren, die fragen: Was ist daran wahr, was ist daran falsch? Der Investigativ-Journalismus boomt geradezu. Blätter wie der *New Yorker* melden Rekordauflagen, die *New York Times* wächst rasant bei den Digital-Abos. Der *Washington Post* geht es gut und selbst der *Boston Globe*, um den man sich mal sorgen musste, scheint wieder zu gesunden.

Millionen Dollar werden in den USA in diesen Tagen in den Ausbau der investigativen Ressorts gesteckt, Politik-Ressorts werden ausgebaut. Wir danken Trump, Journalisten in der ganzen Welt danken ihm. Was er macht, macht uns jeden Tag aufs Neue klar, was guter, kritischer Journalismus leisten soll: die Kontrolle politischer Macht. Der Präsident, der als Kandidat schon im Wahlkampf die Medien als verlogen und unfair bezeichnete; der Journalisten im Gatter inmitten des tobenden Publikums einpferchte; der Journalisten wahlweise als unfähig, Bimbo, Clown oder dumm wie ein Stein bezeichnete; der Journalistinnen auf übelste Weise sexistisch beschimpfte, hält weiter Kurs. Er lügt und schwindelt und behauptet Dinge, die nachgeprüft werden können und sich zumeist als falsch herausstellen.

Der Geschäftsmann Trump ist durch sein bloßes Dasein zu einem Geschäftsmodell des Journalismus geworden. Es gibt nicht nur in den USA die Sehnsucht, dass ein kritischer, investigativer Journalismus diesen gefährlichen Teilzeit-Clown, wie der Filmemacher Michael Moore den Präsidenten genannt hat, in den Griff bekommt und kontrollieren wird.

Und Trump macht allen Akteuren in diesem Markt klar, dass Aufklärung etwas kostet; man muss Journalisten einstellen, die dann mit aller Kraft ihrem Handwerk nachgehen.

Eines, meine Damen und Herren, die Sie heute in diese Kirche gekommen sind, muss allerdings klar sein: Trump mag lügen, er mag es mit der Wahrheit nicht zu genau nehmen. Die Journalisten aber, die hinter ihm herrecherchieren, sind dieser Wahrheit verpflichtet.

Der verstorbene Journalist Hans Joachim Friedrichs hat einen Satz gesagt, der immer wieder zitiert wird, aber meines Erachtens nicht richtig verstanden wird: »Einen guten Journalisten erkennt man daran, dass er sich nicht gemein macht mit einer guten Sache, dass er überall dabei ist, aber nirgendwo dazugehört.« Der Satz wird richtig verstanden, wenn der, der ihn sagt, damit ausdrücken will, dass sich ein Journalist nicht zum Lobbyisten von Interessengruppen und/oder Parteien machen darf. Der Satz wird falsch verstanden, wenn der, der ihn sagt, damit ausdrücken will, dass einem Journalisten nichts angelegen sein soll. Der Journalist muss sich für die Grundwerte und Grundrechte der Verfassung einsetzen – das sollte er übrigens mit Leidenschaft tun, denn die Verfassung macht die Pressefreiheit erst möglich.

Zwei kleine Anmerkungen zum Schluss:

Journalisten sollten immer versuchen, Fehler, die sie gemacht haben, einzugestehen. Wir machen Fehler und dürfen uns, wenn Fehler passiert sind, nicht verstecken. Man kann sich bei den amerikanischen Kollegen abschauen, wie man das ernsthaft und wahrhaftig macht.

Die zweite Anmerkung:

Es gibt in der Gesellschaft – aber auch im Journalismus – den Hang, zynisch zu sein. Die weichere Form ist übrigens die Satire. Es gibt Leute, die Satire mittlerweile für die eigentliche

Darstellungsform des Lebens halten. Auch ich schaue gern die »heute-Show«, doch sie ist kein Ersatz für »heute« oder die »Tagesschau«.

Gleichzeitig gibt es ein vermeintliches Schimpfwort. Es heißt Gutmensch. Wer Gutes tun will, ist angeblich ein Depp, er ist angeblich naiv. Der Nicht-Gutmensch hat angeblich keine Illusionen, er blickt angeblich durch, ihm kann man angeblich nichts vormachen. Und Moral verkommt dabei zum Schimpfwort. Es ist leicht, in dieser Welt Zyniker zu sein. Man muss dann das Elend, das es auf dieser Welt gibt, gar nicht sehen. Man gibt sich schlau, man tut so, als sei man Realist. Talkmaster in gehobenen Programmen tun manchmal so, als seien sie unerbittliche Ankläger, und sie stoßen bei einem Publikum, das in Teilen Politiker längst vorverurteilt hat, auf Zustimmung.

Meine Damen und Herren, ich wollte nie Miesmacher sein, nie Wegschauer, nie Zyniker. Ich glaube, dass wir alle gemeinsam für die Idee der Solidarität, für Ideale, für Gerechtigkeit und für den empathischen Gemeinsinn kämpfen sollten.

Ob ich dabei jemals dem Frieden gedient habe, weiß ich nicht.

Jerusalemer Friedensgeschichten

Nikodemus C. Schnabel OSB

Meine Wahlheimat Jerusalem tut mir oft leid: Allzu gern wird sie auf die Schlagworte »Nahostkonflikt«, »religiöser Fanatismus« und »gewalttätige Spannungen« reduziert. Dies tut mir persönlich weh, da ich Jerusalem sehr liebe und mir wünsche, dass meiner großen Liebe Gerechtigkeit widerfährt. Nach über 15 Jahren intensiver Beziehung mit dieser Stadt – durch all die Höhen und Tiefen dieser Zeit hindurch – habe ich natürlich schon etwas länger die rosarote Brille des Verliebten abgelegt und sehe mit einem geläutert-realistischen Blick, der aber immer noch voller Liebe ist, auf diese meine Stadt. Ja, in Jerusalem sind die Spannungen spürbar und es gibt wohl auch keinen besseren Ort, um Atheist zu werden, da die Religionen in ihren unappetitlichsten Auswüchsen nirgendwo leichter aufzuspüren sind als hier.

Ich liebe aber gerade den rauen Charme meiner Geliebten, Jerusalem. Sie verstellt sich nicht, verkleidet sich nicht, schminkt sich nicht und möchte überhaupt niemandem gefallen. Sie ist wie eine in Würde gealterte Diva, die genau weiß, wer sie ist, und die es nicht nötig hat, Make-up zu tragen. Jerusalem ist unfähig zum Smalltalk. Es wird in ihr fast ausschließlich über Politik und Religion geredet. Jede und jeder hier hat eine Meinung und äußerst sie auch. Jerusalem reißt jede Maske runter. Sie ist eine grundehrliche Stadt, die kein So-tun-als-ob duldet.

Dieses Jerusalemer Masken-Verbot bringt ein arabisches Sprichwort wunderbar auf den Punkt, wenn es sagt: »Ein Jahr Leben in Jerusalem zählt wie zwei Jahre woanders.« Mittlerweile halte ich dieses Sprichwort für überholt, das Verhältnis eins zu drei scheint mir passender zu sein. Unbestreitbar ist Jerusalem eine anstrengende Stadt, da sie durch ihre Art einen ständig herausfordert und fordert. Ihr ist nichts gleichgültig, und in ihren Mauern wird eine Ist-mir-egal-Haltung nicht geduldet. Diese spezielle Jerusalem-Atmosphäre macht viele Menschen aggressiv, depressiv oder zynisch. Sie ist aber auch der Stoff, aus dem die typischen Jerusalemer Friedensgeschichten gemacht sind.

I. Wider die Aggression

Es ist wohl unübersehbar, dass Jerusalem Aggressionen erzeugt. Die Medien weltweit sorgen dafür, dass wir diesen Aspekt des menschlichen Miteinanders – oder besser gesagt Gegeneinanders – in dieser Stadt nicht übersehen. Radikale, national-religiöse Juden tragen hierzu genauso bei wie fanatisierte gewaltbereite Muslime; und kein Reiseleiter versäumt es, genüsslich von den sich in der *Anastasis*, also der Grabes- und Auferstehungskirche, prügelnden Mönchen der verschiedenen dort vertretenen Konfessionen zu berichten. Wie gesagt: Atheisten und Religionskritiker können sich hier auf Schritt und Tritt in ihrer These bestätigt fühlen, dass die Welt ohne Religionen eine bessere und friedlichere wäre und dass die größte Quelle von Gewalt die Religionen seien, besonders die in Jerusalem dominierenden monotheistischen Religionen, welche mit ihrem Ein-Gott-Glauben und ihren Wahrheitsansprüchen fast zwangsläufig zu Abgrenzung und Gewalt führen müssten.

Gerade wir Benediktinermönche der Jerusalemer *Dormitio*-Abtei und des davon abhängigen Priorats Tabgha am Nordwestufer des Sees Gennesaret können ein Lied singen von Gewalterfahrungen durch Menschen, die sich selbst als religiös definieren. 2014 gab es einen Brandanschlag auf die *Dormitio* in Jerusalem, 2015 einen weit verheerenderen auf unser Kloster Tabgha; hinzu kommen demolierte Autos, Friedhofsschändungen und immer wieder Graffiti auf unseren Mauern, zuletzt etwa: »Christen zur Hölle«. Wir sind besonders im Fadenkreuz von extremistischen national-religiösen Juden, die mich in meinem schwarzen Habit auf der Straße auch gern einmal anrempeln oder bespucken. In Jerusalem ist es aber wahrlich kein Privileg nur einer Religion, Idioten und Fanatiker in ihren Reihen zu haben; gerade auch das aggressive Gebaren mancher radikaler evangelikaler Christen aus dem Ausland in Jerusalem treibt mir als Christ regelmäßig die Schamröte ins Gesicht. Ich vermute sogar, dass ich vieles von dem als eben eindeutig erkennbarer Christ ausbaden muss. So wie in Europa ja gern mal schnell von »den Juden« und »den Muslimen« gesprochen wird, als ob diese oder jene eine völlig homogene Gruppe seien, so werden in Israel halt dann der evangelikale Judenmissionierer und der rö-

Nikodemus C. Schnabel OSB

misch-katholische Benediktinermönch in den gemeinsamen Topf »die Christen« geworfen.

Trotz dieses reichen Erfahrungsschatzes an religiös etikettierter Gewalt weigere ich mich, diese Gewalttäter im Namen einer Religion als gläubige oder religiöse Menschen anzusehen. Diese haben nämlich so viel mit echter Religion zu tun wie die Hooligans mit dem tatsächlichen Fußballspiel. Die meisten Hooligans haben doch gar keine Ahnung, was auf dem Platz wirklich geschieht, da sie ja schon angetrunken ins Stadion kommen. Es wäre unfair, den wunderbaren völkerverbindenden Sport Fußball auf seine Hooligans zu reduzieren. Genauso unfair ist es jedoch auch, das wunderbare Projekt »Gottsuche« der Religionen auf die Hooligans der Religionen zu reduzieren.

Wahr ist natürlich, dass der Fußball ein Hooligan-Problem hat, dem er sich in aller Ehrlichkeit stellen muss. Genauso wahr ist, dass auch die Religionen ein veritables Religions-Hooligan-Problem haben, dem sie sich ebenfalls in schonungsloser Ehrlichkeit stellen müssen. Leider zieht Jerusalem, quasi als der Spitzenclub schlechthin, nicht nur Beter, Gläubige und Pilger aus der ganzen Welt an, sondern übt offensichtlich auch magnetische Wirkung auf die Religions-Hooligans aus, welche einem in 90 Sekunden die Welt erklären wollen und in ihrem schubladisierenden Schwarz-Weiß-Freund-Feind-Denken das wunderbare Projekt »Gottsuche« der Religionen zu einem erbärmlichen Projekt »Identitätssuche« pervertiert haben. Gleich den Hooligans im Fußballstadion schmücken sie sich gern mit den Kleidungsaccessoires der echten Anhänger und sind daher auf den ersten Blick rein äußerlich kaum von denen zu unterscheiden, die es ernst meinen und sich nicht durch verachtende Abgrenzung und Gewalt ihrer eigenen Identität vergewissern müssen. Da aber der Fußball-Hooligan denselben Vereinsschal um hat wie der friedliche Fan und der Religions-Hooligan dieselbe religiöse Kleidung trägt wie der Gott suchende Beter, kommt sehr schnell ein ganzer Verein oder eine ganze Religion in Verruf, und so geht dann leider zu oft der Blick für die enorme positiv verändernde Kraft verloren, die sowohl dem Sport als auch dem Glauben innewohnt.

Ich möchte jetzt das vergleichende Bild mit der Fußballwelt nicht überstrapazieren und einfach erzählen, welch berührende Erlebnisse ich mit tiefreligiösen Menschen machen durfte. Gerade nach dem verheerenden nächtlichen Brandanschlag auf unser Kloster Tabgha im Sommer 2015, bei dem zwei Menschen mit Rauchvergiftung ins Krankenhaus eingeliefert werden mussten und fast das gesamte Atrium unserer Kirche und unseres Klosters niederbrannten, in dem nicht nur unser Klosterladen, sondern auch die Pforte und Gesprächszimmer untergebracht waren, war es wirklich tief ergreifend, wie schon am nächsten Morgen gerade die Gläubigen, und zwar jüdische, christliche, muslimische und drusische, die Ersten waren, die uns beistanden. Das stärkste Zeichen war für mich eine Crowdfunding-Kampagne von orthodoxen Rabbinern, die in ihren Gemeinden Geld gesammelt haben, um ein deutschsprachiges Kloster wieder mitaufzubauen, das im missbrauchten Namen ihrer Religion angesteckt worden war. Diese Geste angesichts der Tatsache, dass in ihren Gemeinden noch Gläubige leben, die vor dem barbarischen Naziterror in Deutschland geflohen sind oder diesen sogar in all seinen Schrecken überlebt haben, überstrahlt in ihrer menschlichen Größe und Versöhnungskraft den Hass und die Aggression der Täter.

Ein zweites, ähnliches Erlebnis durfte ich in Jerusalem am Jahresbeginn 2016 machen, als in der Nacht mehrere Hass-Graffiti an unser Kloster und unsere Kirche gesprüht worden waren. Die ersten, welche am nächsten Morgen zur Stelle waren und diese Tat als Blasphemie verurteilten, waren einerseits Nahum Schlesinger und Josef Pappenheimer, Rabbiner aus Mea Shearim, also aus dem haredischen ultra-orthodoxen Spektrum, und andererseits Anat Hoffman, eine feministische Vorkämpferin und Mitbegründerin der »Women of the Wall«, die sich dafür einsetzen, dass auch Frauen an der Westmauer – der Klagemauer – jüdische Gottesdienste feiern dürfen, was die beiden Erstgenannten strikt ablehnen. Größere Gegensätze innerhalb des zeitgenössischen Judentums als zwischen den Rabbinern aus Mea Shearim und den »Women of the Wall« sind wohl kaum denkbar, aber unbestritten ist, dass beide Gruppen es mit der Religion sehr ernst nehmen und dass es beiden ein authentisches Interesse war, uns Mönchen und unserer christlichen Gemeinde beizustehen, und zwar am Sonntag in aller Frühe.

Ich könnte noch von vielen weiteren ähnlichen Erlebnissen berichten, die in mir die Überzeugung haben reifen lassen: Religion, wenn sie wirklich Gott- und nicht Identitätssuche ist, ist ein gutes Gegengift zu Aggression. Sie benennt, wo der Name Gottes missbraucht wird. Sie hat eine enorme Kompetenz im Bereich Versöhnung. Und nicht zuletzt verbietet sie jede arrogante Überheblichkeit gegenüber dem Mitmenschen, der oder die ja wie man selbst ein Suchender ist: Religiöse Menschen erfahren sich als Gottsucher unter Gottsuchern.

Wen ich bislang nicht überzeugen konnte und wer immer noch »die Religiösen« als die Hauptfriedensgefährder sieht, der oder dem kann ich nur empfehlen: Gehen Sie mal um fünf Uhr morgens in die Jerusalemer Altstadt, wenn die Touristen und Händler noch schlafen. Da treffen Sie nur religiöse Menschen: Die Christen feiern ihre Frühgottesdienste in der Grabes- und Auferstehungskirche, die frommen Juden gehen zur Westmauer zum Morgengebet und die gläubigen Muslime beten ihr erstes Gebet des Tages oben auf dem Tempelbergplateau, dem *Haram al-Sharif*. Wenn Religion wirklich das Problem wäre, müsste das die schlimmste Uhrzeit sein, aber nie ist die Stadt so friedlich und so zauberhaft schön!

II. Wider die Resignation

Angesichts all der Aggressionen in Jerusalem ist die Verlockung groß, sich einfach zurückzuziehen. Allzu schnell droht man in die Resignations-Falle zu tappen. Die Hauptfrage lautet dann: Wie kann und soll man sich besser schützen? Mit hohen Mauern, Stacheldraht, Kameras?

Gerade nach der Erfahrung der Brandanschläge auf unsere beiden Klöster in den Jahren 2014 und 2015 hätten wir natürlich allen Grund gehabt, Angst zu haben und unsere ganze Energie auf die Frage zu verwenden, wie wir uns besser gegen unsere Außenwelt abschotten könnten. Doch in meinen Augen gibt es nichts Unchristlicheres als Angst. Die Botschaft der Auferstehung und des Auferstandenen lautet immer wieder: Fürchtet euch nicht!

So bin ich meiner Gemeinschaft unendlich dankbar, dass wir uns in den schwierigen Jahren nach den Brandanschlägen gemeinsam ganz bewusst dazu entschieden haben, ohne Angst in die Zukunft zu gehen und die Türen unserer Klöster noch weiter in Gastfreundschaft zu öffnen als bisher. In Jerusalem haben wir einen »Tag des offenen Klosters« eingeführt, in dem wir für alle Interessierten einmal im Jahr unser Kirchendach zugänglich machen und durch unsere Klausur führen. Wir waren und sind von der Resonanz völlig überwältigt. Viele unserer jüdischen, christlichen und muslimischen Nachbarn kamen voller Neugier, um einmal von unserem Dach auf ihr eigenes Wohnhaus zu blicken, wo sie doch seit Jahrzehnten bislang nur den umgekehrten Blick kannten, und um einmal in das Innere dieses Gebäudes schauen zu dürfen, das ihnen als Blickfang Jerusalems nur allzu vertraut ist. Und natürlich wurden Fragen über Fragen gestellt. Also fingen wir an, für Gespräche nicht nur deutschsprachigen christlichen Pilgern zur Verfügung zu stehen, sondern auch den Einheimischen. Mittlerweile haben sich auch hier schon feste Traditionen ausgebildet: Regelmäßig kommen seitdem unter anderem israelische Schulklassen, Tel Aviver Bildungsbürger oder einheimische Pfarreigruppen zum Gespräch zu uns.

Da die Einwohner von Jerusalem leider die Kunst beherrschen, aneinander vorbeizuleben, war es für viele Juden und Muslime das erste Mal überhaupt, dass sie mit einem Christen sprachen. Ich selbst erinnere mich noch sehr gut an mein erstes »Meet-a-Monk«-Gespräch. Zu meiner großen Überraschung konzentrierte sich die Neugier meiner Gesprächspartner voll und ganz darauf, was ich essen und trinken dürfe und was nicht. Sie waren dabei sichtlich irritiert, dass Christen kaum Speisevorschriften kennen würden. Ich konnte sie immerhin ein bisschen damit beruhigen, dass wir Mönche auch Fastenzeiten kennen und am Freitag kein Fleisch essen würden. Ich fand es wirklich hochinteressant, welche Themen dabei zur Sprache kamen, und umgekehrt konnten wir Benediktiner zeigen, dass wir keine Monster sind, die Jerusalem zwangschristianisieren wollen. Ich liebe diese Begegnungen und Gespräche sehr, da ich jedesmal neu dazulernen darf und es eine große Freude ist, dabei mitzuhelfen, dass Vorurteile abgebaut werden. Um welch eine Chance und um welch eine Lernerfahrung hätten wir uns gebracht, wenn wir uns resigniert und ängstlich von unserer Umgebung abgeschottet hätten!

III. Wider den Zynismus

Als Seelsorger begegne ich immer wieder Menschen, die für sich eine Strategie gefunden haben, um in Jerusalem nicht auf Dauer aggressiv oder depressiv zu werden: Sie haben sich in Zynismus geflüchtet. Mit einem überlegenen Lächeln schauen sie auf all die »Verrückten« und lassen sich von deren Gebaren emotional nicht beeinflussen. Ich habe ein bisschen den Eindruck, dass gerade viele intelligente und reflektierte Menschen zum Zynismus neigen. Die schnelle Wirkung des Zynismus ist eine coole Abgeklärtheit, aber auf die Dauer führt genau diese Haltung dem Leben gegenüber zu einer emotionalen Verkrüppelung. Das Leben bekommt einen galligen Geschmack. Diese fatale Nebenwirkung des Anti-Aggressions- und Anti-Resignations-Medikaments »Zynismus« wirkt zerstörerisch auf die menschliche Seele, so meine Erfahrung als Seelsorger.

Als Anti-Zynismus-Programm kann ich aus vollstem Herzen einen Besuch unserer Jugend- und Behindertenbegegnungsstätte »Beit Noah« in unserem Kloster Tabgha am See Gennesaret empfehlen. Uns Mönchen ist mit der Brotvermehrungskirche und mit den warmen Quellen, welche in ihrer Nachbarschaft entspringen, ein kleines Naturparadies anvertraut. Drei der noch sprudelnden Quellen haben wir zu einem natürlichen Pool angestaut, welcher den Mittelpunkt eines großen, behindertengerechten Areals mit Spielplatz, Minigolfanlage, Grillplatz und einem kleinen Streichelzoo bildet.

Dieses Paradies teilen wir am liebsten mit den marginalisierten Menschen im Heiligen Land, den Behinderten, welche für ein paar Tage bei uns Urlaub machen können. Dieses Angebot wird rege angenommen, und zwar sowohl von Behinderteneinrichtungen in Israel wie auch in Palästina, gern auch von mehreren Gruppen gleichzeitig. Da planschen dann jüdische, christliche und muslimische Behinderte, arabische und hebräische Muttersprachler, Israelis und Palästinenser miteinander im Pool. Diese sogenannten »Behinderten« sind in meinen Augen übrigens die am wenigsten Behinderten im ganzen Land, da sie nicht in Schubladen denken. Sie sehen im anderen einfach das andere Mädchen, den anderen Jungen, den anderen Menschen. Sie wissen: Wenn ich jemand umarme oder mitspielen lasse, freut er sich, so wie ich mich darüber freue, wenn ich umarmt werde oder mitspielen darf; wenn ich ihn aber trete, tut ihm das weh, so wie es mir weh tut, wenn ich getreten werde. Sie haben damit vom Leben viel mehr verstanden als wir vermeintlich Nichtbehinderten. Ich bin überzeugt: Wenn alle Menschen so »behindert« wären wie unsere sogenannten »Behinderten«, dann hätten wir Weltfrieden!

Und unsere behinderten Gäste sind sogar wahre Friedensboten: Da ihre Schützlinge so unverklemmt miteinander umgehen, tauen auch ihre Betreuerinnen und Betreuer auf, bewegen sich aufeinander zu und lernen, auf unserer Begegnungsstätte nicht nebeneinanderher zu leben, sondern miteinander. Und so sitzen in Tabgha dann am Abend Menschen verschiedenen Glaubens und verschiedener Nationalität beieinander, die sich sonst nicht auf einen Kaffee verabreden würden. Und wir Mönche dürfen dann Zeugen werden, wie wirklich die Herzen der Menschen bewegt werden. Daher mein Therapie-Tipp an alle Zyniker: eine Stunde am Beckenrand des Pools unserer Begegnungsstätte »Beit Noah« in Tabgha sitzen und den sogenannten »Behinderten« zuschauen, von ihnen lernen und sich emotional berühren lassen.

Wir Mönche haben noch ein anderes Mittel gegen den Zynismus: unser Gebet, besonders die Tagzeitenliturgie, das Stundengebet. Mehrmals am Tag stellen wir uns gemeinsam vor Gottes Angesicht hin und singen im Wechsel die Psalmen und beten für die uns anvertrauten Menschen und deren Anliegen.

Jeden Mittag beten wir nach der Mittagshore ein eigenes kurzes Friedensgebet, jeden Tag, das ganze Jahr hindurch. Das mag kindlich-naiv anmuten, und in den Augen vieler ist es wohl sogar schlicht purer Nonsens; aber lieber lasse ich mich für mein hoffendes Gottvertrauen auslachen, als dass ich im Zynismus Zuflucht suche. Statt mein Herz in emotionaler Kälte absterben zu lassen, lasse ich es doch lieber mit Psalm 22 im Gebet aufleben.

Ich möchte noch einmal zum Anfang zurückkommen. Jerusalem kann in seiner Unfähigkeit zum Smalltalk und in seiner ungefilterten Intensität zu Aggression, Resignation oder Zynismus verleiten und wohl auch der einladendste Ort sein, um Atheist zu werden.

Jerusalem ist aber auch der Ort, wo immer wieder Vergebung und Versöhnung den Hass überwinden, der Ort, wo Mauern der Angst niedergerissen werden, und der Ort, wo echte menschliche Begegnung geschieht. Jerusalem ist auch der Ort, wo Millionen von Pilgerinnen und Pilgern seit Jahrhunderten ihre Sehnsüchte hineintragen, wo Hoffnung wächst, wo Friede und Trost gefunden werden und wo die Suche nach Gott nie aufhört. All das ist Jerusalem für mich.

Erzählung über die unbekannteste Religion der Welt[*]

MANFRED LÜTZ

Die Idee der Erzählkirche finde ich gut. Vieles in meinen Büchern ist ja Erzählung – von der Kirche, von Gott, von Gesunden und Kranken, von Irren und Normalen. Und wenn ich als Kabarettist vor den Menschen stehe, was tue ich dann anderes als erzählen? Man hat mich gebeten, hier über meine neuste Erzählung zu berichten, mein neustes Buch »Der Skandal der Skandale – Die geheime Geschichte des Christentums«. Dabei ist das eigentlich gar nicht meine Erzählung, sondern eine Nacherzählung dessen, was ein Münsteraner Kirchenhistoriker, Professor Arnold Angenendt, vor zehn Jahren geschrieben hat, nämlich seines berühmtes Buches »Toleranz und Gewalt – Das Christentum zwischen Bibel und Schwert«. Und dieses Buch betrifft exakt das Leitwort dieses Katholikentags: »Suche Frieden«. Ich habe bei meiner Nacherzählung eigentlich nur das Packpapier beigesteuert; die wissenschaftliche Substanz meines Buches ver-

---

[*] Dieser Beitrag basiert teilweise auf dem Vorwort des Buches »Der Skandal der Skandale – Die geheime Geschichte des Christentums« von Manfred Lütz, das 2018 unter wissenschaftlicher Mitarbeit von Arnold Angenendt erschienen ist. Wir danken dem Verlag Herder für die freundliche Genehmigung zum Nachdruck.

danke ich weitgehend Professor Angenendt und ich bin ganz gerührt und fühle mich geehrt, dass er heute hier dabei ist.

Ich muss offen gestehen, dass noch kein Buch für mich so anstrengend war. Einige Monate lang habe ich mich bemüht, das 800 Seiten dicke, materialreiche Werk von Professor Angenendt auf 300 für eine breitere Öffentlichkeit geeignete Seiten zu bringen und dabei auch noch einige eigene Themen aufzugreifen. Den Stand der Forschung zu den sogenannten Skandalen der Christentumsgeschichte wollte ich darstellen, nicht mehr und nicht weniger. Das Buch sollte also weder eine Kriminalgeschichte des Christentums werden, wie sie Karlheinz Deschner verfasst hat, noch eine Apologie, die man natürlich auch schreiben kann. Noch anstrengender waren dann aber die Reaktionen. Eine ungeahnte Menge von Hassmails von Atheisten erreichte mich. Die Sektion Koblenz-Mittelrhein der Giordano-Bruno-Stiftung schickte mir hundert Kotzschalen aus Pappe ins Krankenhaus, was natürlich in Wahrheit ein Eigentor war. Auf meine Anfrage an die Leitung dieser Atheistenvereinigung, ob das nun das Niveau des neuen Atheismus sei, distanzierte man sich von der Aktion und ging auf mein Angebot ein, eine ernsthafte wissenschaftliche Debatte zum Thema zu führen, die im September 2018 in Heidelberg stattfinden wird. Aber auch die katholischen Medien waren nicht immer hilfreich. Der journalistische Tiefpunkt war ausgerechnet das Kölner Domradio. Dennoch kam das Buch auf die Bestsellerliste und löste anregende Debatten aus. Ich habe mich dafür so eingesetzt, weil ich glaube, dass das Thema des Buches entscheidend für die Zukunft des Christentums in unseren Breiten ist.

Erzählung über die unbekannteste Religion der Welt*

Denn das Christentum ist im Grunde die unbekannteste Religion der westlichen Welt. Das liegt nicht an einem Mangel an Informationen, sondern im Gegenteil an einer Überfülle davon. Allerdings haben diese Informationen gewöhnlich eine merkwürdige Eigenart – sie sind grotesk falsch. Das ist an sich nicht weiter schlimm. Mit falschen Überzeugungen kann man gut leben. Lange Zeit glaubte man, dass durch die Arterien Luft fließe; noch länger nahm man an, dass es Drachen gebe; und selbst die Überzeugung, dass die Erde eine Scheibe sei, hat die Menschen nicht daran gehindert, ein sinnvolles Leben zu führen.

Fake News können sogar Spaß machen. Wer will die Welt schon von morgens bis abends so sehen, wie sie ist? Und auch ganz persönlich ist Verdrängung eine wichtige Fähigkeit, um lebenstüchtig zu bleiben. Wer dauernd all die Schattenseiten seiner Lebensgeschichte mit sich spazierenträgt, hat's schwer im Leben. Doch bei den Falschinformationen über das Christentum geht es nicht um irgendwelche kleinen Irrtümer, amateurhafte Fälschungen oder harmlose Schummeleien. Diese Falschinformationen haben das Christentum in seinem Kern nachhaltig erschüttert und absolut unglaubwürdig gemacht.

Dagegen spricht nicht, dass man öffentlich Papst Franziskus schätzt und Mutter Teresa verehrt. Man schätzt und verehrt sie nicht wegen, sondern trotz der Tatsache, dass sie Christen sind. Man nimmt es ihnen sozusagen nicht übel. Und auch das karitative Engagement christlicher Institutionen achtet man, ja sogar das, was man gern »christliche Werte« nennt, was immer das dann sein soll. Doch den christlichen Glauben, die Geschichte der christlichen Kirchen, das Christentum selbst hält man bestenfalls für peinlich. In intellektuellen Debatten gilt ein christliches Bekenntnis gewöhnlich unausgesprochen als indiskutabel. Der Ausdruck »Fundamentalismus« hat sich nicht nur für fanatische Gläubige eingebürgert, sondern gilt inzwischen jedem religiösen, jedem christlichen Bekenntnis, das Religion nicht nur religionswissenschaftlich beschreibt, sondern für wahr hält. Das ist das Ende des realen Christentums als kulturprägende Kraft.

Man mag einwenden, dass immerhin die christlichen Kirchen noch beachtliche Institutionen vorweisen können, die zum Beispiel in Deutschland über enorme Finanzmittel verfügen. Doch ist nicht zu übersehen, dass viele Kräfte durch den Rückbau der einstmals großen Volkskirchen absorbiert werden und Neuaufbrüche eher am Rande des institutionalisierten Christentums stattfinden. Dabei gelingt christliche Mission am ehesten da, wo Menschen direkt spirituell angesprochen werden, eine Gemeinschaft von Überzeugten erleben und so ihr persönliches Leben erneuern. Aber, so paradox das klingen mag, das Christentum, seine Geschichte, seine Institutionen, seine Repräsentanten wirken für die christliche Mission in unseren Breitengraden eher als Hindernis, jedenfalls nicht als Attraktion.

Das liegt daran, dass dem Christentum ein Todesstoß versetzt wurde. Die inzwischen unbestrittene Überzeugung, dass die Geschichte des Christentums eine Geschichte der Skandale ist, erschüttert tatsächlich den Kern des christlichen Glaubens. Denn eine Religion, die an die Mensch-Werdung, also an die Geschichte-Werdung Gottes selbst glaubt, liefert sich rückhaltlos der kritischen Beurteilung dieser Geschichte aus. Und dieses

Erzählung über die unbekannteste Religion der Welt*

Urteil ist vernichtend. »Der Fluch des Christentums« betitelte der namhafte Philosoph Herbert Schnädelbach im Jahre 2000 einen Aufsehen erregenden Text in der *Zeit,* der in dem Satz gipfelte, das Beste, was das Christentum für die Menschheit tun könne, wäre: sich auflösen! Und die Gründe, die der Philosoph für dieses Todesurteil vorbrachte, waren nicht vor allem philosophische oder theologische. Schnädelbach äußerte keine Zweifel an der Dreifaltigkeit oder an der Menschwerdung Gottes, sondern er argumentierte fast ausschließlich geschichtlich. Dabei bezog er sich nicht auf irgendwelche historischen Studien, sondern er konnte sich auf einen breiten gesellschaftlichen Konsens über die skandalöse Christentumsgeschichte stützen. Was dieser hochgebildete Philosoph da über die skandalösen Kreuzzüge, die brutale Inquisition und den verheerenden Antisemitismus anführte, präsentierte er unbefangen als genauso unbestreitbar, wie man heute selbstverständlich davon ausgeht, dass der Mond um die Erde kreist und der Mount Everest der höchste Berg unseres Planeten ist. Auch dafür braucht man keine Belege. Insofern sprach dieser Text nur prägnant aus, was ohnehin alle dachten. Zehn Jahre nach dem Zusammenbruch des Kommunismus war das ein engagierter Nachruf auf das Christentum.

Das hätte es dann gewesen sein können. Wie beim Kommunismus gibt es zwar immer einige, die die Signale nicht hören und betriebsblind nostalgisch unentwegt so weitermachen, als sei nichts geschehen. In Wahrheit aber ging der Text von Schnädelbach an die Substanz der christlichen Religion. Wenn Schnädelbach recht hatte, war das Christentum 2000 Jahre nach seinem Beginn wirklich am Ende.

Manfred Lütz

Aber hatte er recht? Was sich nach der Veröffentlichung dieses Textes abspielte, war spektakulär und völlig unerwartet: Ein international renommierter Historiker, nämlich Arnold Angenendt, nahm die Herausforderung an und ging den Vorwürfen Schnädelbachs auf dem Stand der heutigen Wissenschaft akribisch auf den Grund. Was stimmte und was stimmte nicht? Und er legte 2007 sein gewaltiges Werk »Toleranz und Gewalt – Das Christentum zwischen Bibel und Schwert« vor. Dieses Buch ist seitdem ein Standardwerk für alle, die sich kritisch mit Christentum und Kirche auseinandersetzen wollen. Der wissenschaftlichen Gründlichkeit von Angenendt gelang dabei etwas ganz Seltenes. Er überzeugte mit nüchterner Aufklärung und erreichte, dass Herbert Schnädelbach sich korrigierte. Er bedankte sich bei Arnold Angenendt, »der mir einige optische Verzerrungen meines Rückblicks nachwies«. Es stellte sich heraus, dass landläufige Auffassungen über die Geschichte des Christentums der seriösen wissenschaftlichen Untersuchung einfach nicht standhielten ...

Solche Aufklärung ist deswegen dringend nötig, weil der Wegfall des Christentums als verbindende Kraft die ganze Gesellschaft in eine schwere Krise gestürzt hat. Von Linksaußen bis Rechtsaußen wird das unumwunden zugegeben. Der Linkenvorsitzende Gregor Gysi erklärte in der Evangelischen Akademie in Tutzing, er sei Atheist, aber er habe Angst vor einer gottlosen Gesellschaft, weil der die Solidarität abhanden kommen könne; Sozialismus sei schließlich nichts anderes als säkularisiertes Christentum ...

Merkwürdigerweise lassen aber auch die Rechten von »Pegida« ausdrücklich das christliche Abendland hochleben, selbst

Erzählung über die unbekannteste Religion der Welt*

wenn sie das Christentum so wenig kennen, dass sie in der Adventszeit lauthals Weihnachtslieder singen.

Doch in Wirklichkeit wird hier eine leere Hülle beschworen. Das Christentum selbst hat sich – nicht in 70 Jahren wie der Kommunismus, sondern in 2000 Jahren – offenbar soweit diskreditiert, dass auch die, die es beschwören, kaum sagen können, was sie denn für so erhaltenswert am Christentum halten, wenn man einmal von einigen humanistischen Haltungen absieht, die aber auch der redliche Atheist ohne Weiteres an den Tag legt. Aufklärung über das Christentum müsste also jedem am Herzen liegen, der sich um diese Gesellschaft sorgt, auch dem vernünftigen Atheisten.

Jürgen Habermas, Deutschlands bekanntester Philosoph, der sich selbst für »religiös unmusikalisch« erklärt hat, forderte deswegen mit dramatischen Worten zumindest »rettende Übersetzungen« der jüdisch-christlichen Begrifflichkeit von der Gottebenbildlichkeit des Menschen. Nur so, glaubt Habermas, könne man die allgemeine Akzeptanz des Menschenwürde-Begriffs, des zentralen Begriffs unserer Gesellschaftsordnung, weiter sicherstellen. Und er wünscht sich Christen, die im öffentlichen Diskurs als religiöse Bürger wahrgenommen werden. Doch dieser fromme Wunsch eines Agnostikers trifft auf Christen, die dazu neigen, ihren Glauben eher als Privatsache zu beschweigen. Vor allem eben, weil sie sich für die Geschichte des Christentums schämen. Diese Scham hat auch damit zu tun, dass die Christen selbst sich ihrer Skandalgeschichte mit zwei Methoden gestellt haben, die beide nicht wirklich überzeugen. Die einen haben sich nach Kräften bemüht, die Geschichte des

Christentums apologetisch reinzuwaschen und jegliches kirchliche Versagen zu leugnen, koste es was es wolle. Dabei wäre eine 2000 Jahre währende ununterbrochene christliche Heiligengeschichte gar nicht das, was Jesus selbst seiner Kirche vorausgesagt hatte. Die von ihm persönlich berufenen Säulen der Kirche, die Apostel, waren durchaus von durchwachsenem Charakter: Warum sollte es anschließend besser werden? Die anderen verlegten sich auf das gerade Gegenteil. Sie leugneten historische Schwächen des Christentums nicht, es kam ihnen sogar entgegen, vor dem düsteren Hintergrund einer vergangenen christlichen Skandalgeschichte das eigene gegenwärtige moderne Christentum besonders glanzvoll herauszustellen. Doch die große Geste »2000 Jahre ist das Christentum in die Irre gegangen und dann kam ich oder Professor X oder Y oder das Zweite Vatikanische Konzil oder was sonst noch« ist reichlich naiv. Jeder gescheite Atheist kann darauf natürlich nur antworten: Dann warten wir mal, ob es nun die kommenden 2000 Jahre auch wirklich besser läuft, und dann sehen wir weiter.

Diese beiden extrem unterschiedlichen Arten des Umgangs mit der eigenen Geschichte haben das Zerrbild der Christentumsgeschichte noch verstärkt. Denn für beide war Geschichte nur das Füllmaterial für die eigenen Vorurteile, die durch echte wissenschaftliche Forschung ins Wanken geraten könnten.

Es gilt also, der Skandalgeschichte des Christentums vorurteilsfrei mit dem Skalpell der Wissenschaft zu Leibe zu rücken. Am Ende mögen dann Skandale tatsächlich Skandale sein, und selbst, wenn sich herausstellen sollte, dass die historischen Fakten ein ganz anderes Bild zeichnen, wäre sogar eine Christen-

Erzählung über die unbekannteste Religion der Welt*

tumsgeschichte ohne Skandale natürlich noch lange kein Grund, Christ zu werden. Es gibt ganz unsinnige Überzeugungen, die ausgesprochen heilsame historische Wirkungen entfalten. Es geht also nicht um Bekenntnis, sondern um Geschichte, um die ungemein spannende wirkliche Geschichte der größten Menschheitsreligion aller Zeiten und nicht zuletzt um abendländische Bildung und um europäische Aufklärung im besten Sinne.

Denn nur indem man sich der eigenen Geschichte stellt, entwickelt man ein gesundes Selbstbewusstsein, ein angemessenes Gefühl für die eigene persönliche und auch nationale Identität, und kann auf polternde persönliche oder nationale Aufschneiderei verzichten.

Die Flüchtlingskrise hat schlaglichtartig die Notwendigkeit der Neubesinnung auf die christlichen Wurzeln unserer Gesellschaften erwiesen. Es waren überall Christen und christliche Gemeinden, die sich spontan aus tiefer Überzeugung um diese Menschen in Not kümmerten. Wenn den Atheisten Gregor Gysi vor Jahren die Sorge umtrieb, dass einer gottlosen Gesellschaft die Solidarität abhanden kommen könne, dann haben sich in einigen Gegenden Deutschlands diese Befürchtungen vielleicht schon bewahrheitet. Das heißt natürlich nicht, dass nicht auch viele Atheisten aus starken humanitären Impulsen heraus bereit waren, zu helfen und uneigennützig für die bei uns gestrandeten Opfer der grausamen Kriege Opfer zu bringen. Das ist aber nicht selbstverständlich. Deswegen ist Aufklärung über die christlichen geistigen Quellen Europas das Gebot der Stunde, für die gesamte Gesellschaft, also auch für Atheisten, damit sie wissen, woher sie kommen.

Beiträgerinnen und Beiträger

REBECCA HARMS (*1956) war 1977 Mitbegründerin der Bürgerinitiative Lüchow-Dannenberg (Gorleben). 1994 wurde sie für die Grünen in den Niedersächsischen Landtag gewählt; seit 2004 ist sie Mitglied des Europäischen Parlaments, bis 2016 war sie dort Vorsitzende der Grünen Fraktion. Seit 2017 ist sie Präsidentin der Parlamentarischen Versammlung mit Armenien, Aserbaidschan, Georgien, der Republik Moldau und der Ukraine.

JULIA HELMKE (*1969), promovierte Pfarrerin der hannoverschen Landeskirche, ist seit 2017 die Generalsekretärin des Deutschen Evangelischen Kirchentages in Fulda; sie hat eine Honorarprofessur für Christliche Publizistik mit Schwerpunkt Film an der Friedrich-Alexander-Universität Erlangen inne.

ANDREAS HOLLSTEIN (*1963), seit 1999 hauptamtlicher Bürgermeister der Stadt Altena (Westfalen), setzte sich für eine vermehrte Aufnahme von Flüchtlingen in seiner Stadt ein und wurde deshalb im November 2017 Opfer eines fremdenfeindlichen Anschlags.

WINFRIED KRETSCHMANN (*1948) ist seit 2011 Ministerpräsident des Landes Baden-Württemberg und der erste Vertreter der Grünen in einem solchen Regierungsamt in der Bundesrepublik Deutschland. Kretschmann ist Mitglied im Zentralkomitee der deutschen Katholiken (ZdK).

HANS LEYENDECKER (*1949), früherer Katholik, ist Präsident des 37. Deutschen Evangelischen Kirchentages in Dortmund 2019. Als investigativer Journalist beim »Spiegel« und der »Süddeutschen Zeitung« war er an der Aufdeckung einer Reihe großkalibriger Affären beteiligt.

MANFRED LÜTZ (*1954) ist Facharzt für Psychiatrie und Psychotherapie, katholischer Theologe und Autor. Sein Beitrag basiert teilweise auf dem Vorwort seines Buches »Der Skandal der Skandale – Die geheime Geschichte des Christentums«, das 2018 unter wissenschaftlicher Mitarbeit von Arnold Angenendt im Verlag Herder erschienen ist.

HANS MAIER (*1931), Dr. phil., Professor für Politikwissenschaft, 1970–1986 bayerischer Kultusminister, war 1976–1988 Präsident des Zentralkomitees der deutschen Katholiken (ZdK) und 1988–1999 Inhaber des Lehrstuhls für Christliche Weltanschauung in München. Der passionierte Orgelspieler engagiert sich für *donum vitae*. Er ist publizistisch tätig und Träger zahlreicher Auszeichnungen.

DANIEL NOA (*1952) wuchs in einer christlich-jüdischen Familie auf. Der studierte Theologe und Jurist war Ermittler und Ankläger in großen Wirtschafts- und Terrorismusverfahren sowie Compliance-Beauftragter zweier großer Konzerne. Der Oberstaatsanwalt ist Missbrauchsbeauftragter in der Diözese Rottenburg-Stuttgart, deren Diözesanrat er im Zentralkomitee der deutschen Katholiken (ZdK) vertritt. Er ist seit vielen Jahren Mitglied des Gesprächskreises »Juden und Christen« beim ZdK.

NIKODEMUS SCHNABEL (*1978), Benediktinerpater und promovierter Theologe, ist Ostkirchenexperte und war von 2016 bis 2018 Prior-Administrator der Dormitio-Abtei in Jerusalem. Er ist Auslandsseelsorger für die deutschsprachigen Katholiken im Heiligen Land und Direktor des Jerusalemer Instituts der Görres-Gesellschaft (JIGG).

WOLFGANG THIERSE (*1943) gehörte 1990 der ersten frei gewählten Volkskammer der DDR an und war dort Vorsitzender der SPD-Fraktion. Von 1990 bis 2013 im Deutschen Bundestag, war er von 1998 bis 2005 dessen Präsident und von 2005 bis 2013 Vizepräsident. Er ist Mitglied des Zentralkomitees der deutschen Katholiken (ZdK) und engagiert sich gegen Rechtsextremismus.

STEFAN VESPER (*1956), Dr. phil., ist seit 1999 Generalsekretär des Zentralkomitees der deutschen Katholiken (ZdK) in Bonn. Zu den Hauptaufgaben gehört die Verantwortung für die Vorbereitung und Durchführung der Deutschen Katholikentage (bisher acht) und die entsprechende Verantwortung bei den gemeinsam mit dem Deutschen Evangelischen Kirchentag (DEKT) durchgeführten Ökumenischen Kirchentagen (bisher zwei).